国家社会科学基金项目"玉米收储政策改革的效率检视、目标评估与政策优化研究"（20BJY147）

吉林省哲学社会科学基金项目"科技创新对吉林省粮食产业链韧性的影响效应与作用机制研究"（2024J5）

中国玉米收购价格政策改革研究

宫斌斌　著

中国农业出版社

北　京

　　玉米是我国重要的粮食作物，是保障国家粮食安全的重要战略物资，因此玉米收购价格政策的改革动向一直备受关注。2016年，国家将东北地区的玉米临时收储政策调整为"价补分离"政策，以修正政府对市场价格形成机制的影响。至2019年，此轮玉米收购价格政策改革已推行四年，总体上取得了一些成绩，然而，宏观经济政策这只"有形的手"在解决市场失灵和不公平现象时，也给市场带来一些不确定因素。进一步深化玉米收购价格政策市场化改革，充分发挥市场机制作用，是学术界和政府管理部门亟待解决的重要命题。

　　本书研究的玉米收购价格政策改革分为两个梯次：一是由临储政策调整为"价补分离"政策；二是玉米收购价格政策改革的进一步深化，即针对"价补分离"政策存在的不足，探寻深化改革的靶向举措。本书的研究脉络如下：首先，从历史视角回顾新中国成立以来玉米收购价格政策的演变历程，在总结归纳经验启示的基础上，分析玉米收购价格政策改革的原因，梳理玉米"价补分离"政策的目标及方案，为后续研究提供依据；其次，构建三维政策评估体系，全方位评估玉米"价补分离"政策实施初期（2016—2019年）的实施效果，并利用实证分析方法着重测度政策效果不理想的原因，剖析2016—2019年政策对市场的调控作用；最后，根据问题导向，遵循市场化原则，从经济学视角探寻进一步深化玉米收购价格政策改革的方向，并基于国内外经验，提出新政策的实现路径。以上研究不仅有助于完善政策评估的理论框架、丰富政策选择的研究体系，而且为后续水稻、小麦、大豆的收购价格政策改革提供了理论分析框架；同时，对于推动玉米产业兴旺、促进上下游协调发展、保障国家粮食安全具有重要的现实意义。本书主要的研究内容与结论如下。

（1）基于政策评估理论，从公平性（社会福利效应）、效益性（政策目标契合度）、回应性（农民的认知程度及满意程度）三个视角综合评估玉米"价补分离"政策在2016—2019年的实施效果，结果表明：第一，玉米"价补分离"政策较临时收储政策的社会总福利有所提高，整体经济效率有所提高，实现了帕累托改进。第二，从完善价格形成机制的目标看，玉米市场价格形成机制在一定程度上得以完善，突出表现在国内外玉米价差逐渐缩小，玉米及替代品进口量大幅减少，下游企业成本压力缓解等方面；从保障农民基本收益的目标看，生产者补贴的发放使农民收益得到一定保障，但是这种保障效果不稳定，农民玉米种植收益年际波动较大；从调整种植结构的目标看，政策实施初期东北地区玉米播种面积调减效果明显，随着政策的进一步实施，玉米播种面积调减效果反弹，很多农民再次复种玉米，政策实施初期取得的良好结构调整成效被部分抵消。第三，样本农户对玉米"价补分离"政策的认知程度较低，未能在产业前端与政策形成合力。在后续改革中，要注意优化政策设计和政策操作细节，加大政策宣传力度，以提高政策实施效率。

（2）根据上述研究可知，2016—2019年玉米"价补分离"政策在调整优化种植结构方面的效果呈现波动性、反复性，未达到预期政策目标。本书在前文定性分析的基础上，构建经典DID模型论证玉米"价补分离"政策对玉米播种面积的净影响后发现，"价补分离"政策对玉米播种面积的影响在时间维度和区域维度上具有较强异质性：2017年，该政策对玉米播种面积具有显著负向影响，表明它对玉米播种面积调减的引导作用较强，2018 年"价补分离"政策对玉米播种面积的影响由负变正，表明它对玉米播种面积具有较大的正向冲击，同时，该政策对玉米非核心产区的影响程度大于核心产区，这与定性分析结果较为一致。在此基础上，基于农户行为理论，从理论层面分析 2016—2019 年玉米"价补分离"政策对农民种植结构调整行为的影响机制，并运用二元 Logistic 模型对其进行实证检验。研究结果显示，"价补分离"政策对农民种植结构调整行为的影响通过生产者引导价格来实现，上期生产者引导价格越高，农民当期调减玉米播种面积的可能性越小。2018 年玉米播种面积回弹的主要原因是 2017年市场供求关系变动，玉米市场价格趋于上行，生产者补贴的发放导致生产者引导价格偏高，因此众多农民种植玉米决策行为受到强刺激。进一步分析发现，由于玉米"价补分离"政策的生产者补贴标准按照粮食产量因素分配，所以生产者补贴无法根据市场价格变动进行调整，无论市场价格上行或是下降，国家都会发放生产者补贴，致使形成的生产者引导价格高于预期价格，玉米播种面积又出现增加趋势。

（3）利用经济学工具对目标价格政策与"价补分离"政策进行理论分析后发现，玉米目标价格政策不仅完善了玉米价格形成机制，而且弹性的补贴机制有效弥补了"价补分离"政策的不足，在保障农民基本收益、引导农民生产决策方面具有较强优越性。综合考量，本书提出了用玉米目标价格政策替代"价补分离"政策的改革思路。通过梳理取消大豆目标价格政策的原因发现，政策设计有待进一步优化、操作流程有待进一步规范、配套措施有待进一步完善是其退出的重要影响因素，这为玉米目标价格政策的实施提供了借鉴与参考。

（4）玉米目标价格政策是一项复杂的系统工程，并不能一蹴而就，在实施过程中不可避免地会面临障碍与约束。如何尽早走出这些困境是引入玉米目标价格政策的关键，也是本书关注的重点。实施玉米目标价格政策面临的难点主要包括目标价格测算难、市场价格核定难、补贴方式存在分歧以及政策实施过程中人们对政策成本的担忧。在吸收国外成熟经验的基础上，根据国情、农情，可以从以下几个方面破解这些难题：一是优化目标价格测算公式；二是提高市场价格采集准确率；三是构建玉米收购票证管理系统，推行半脱钩的补贴方式，规避 WTO "黄箱"规则的约束；四是提高对政策操作成本的认知。

与以往研究相比，本书主要从以下几个方面进行了尝试与探索：第一，基于政策评估理论，构建了"公平性—效益性—回应性"三维政策评估体系，从社会福利变化、政策目标契合度和农民对政策的认知程度与满意程度三个方面，全方位地评估了玉米"价补分离"政策实施初期的实施效果，突破了以往研究的单一视角，使得到的研究结果更具全面性与真实性。第二，提出了"生产者引导价格"的概念框架，使玉米"价补分离"政策的衡量更具说服力；将生产者引导价格引入农户行为理论模型，为揭示"价补分离"政策对农户种植结构调整行为的影响机制提供更可靠、更严谨的理论证据，并运用实证分析方法对其进行检验，增强了研究结果的解释力和决策参考价值。第三，将目标价格政策纳入深化玉米收购价格政策改革的基本框架，并提出了相应的理论依据，进行了可行性分析，拓宽了玉米收购价格政策改革研究的外延；在归纳总结目标价格政策国际经验的基础上，结合我国国情、农情，对实施目标价格政策面临的难点进行了多维度的分析与探讨，为未来粮食政策调整与完善提供了更有针对性的视角与思路。

著 者

2020 年 6 月

目录

前言

9 研究结论与研究展望

1

绪　　论

1.1 研究背景与意义

　　粮食事关国运民生，粮食安全是国家安全的重要基础。作为百价之基，粮食价格不仅影响农民收益与下游企业利润，还关系国家粮食安全和社会经济的和谐稳定。一旦粮价剧烈波动，很可能诱发各类经济问题，威胁粮食安全底线，制约社会经济正常发展。为此，20 世纪 70 年代联合国粮农组织提出，各国政府可采取粮食价格稳定政策，稳定粮食价格波动，增加社会福利水平，保障各国的粮食安全（李光泗等，2014）。作为世界上人口最多的发展中国家，稳定的粮食生产直接关系 14 亿人口的生活水平和国家经济的健康稳定发展。中华人民共和国成立以来，国家制定了一系列粮食收购价格政策，尤其是 2004 年以后，为稳定粮食市场，保障农民种粮收益，提高农民种粮积极性，国家先后对稻谷、小麦、玉米、大豆作物出台了具有保护价属性的价格支持政策（最低收购价政策和临时收储政策）。实践表明，以"托市价格"为手段的粮食收购价格政策在保障农民收益、提高粮食产量方面发挥了积极作用。根据国家统计局提供的数据，农民人均可支配收入从 2003 年的 2 655.2 元增长至 2015 年的 11 422.0 元，年均增长率为 11.88%，粮食产量从 2003 年的 43 067 万吨增加至 2015 年的 66 060.3 万吨，实现了"十一连增"的瞩目成绩。然而，在粮食增产、农民增收的背后，宏观经济政策这只"有形的手"对粮食价格形成机制造成较大影响，市场化效能趋于弱化，玉米供给侧面临困局：玉米"高库存、高产量、高进口、低销量"

1

的"三高一低"现象层出不穷,以玉米为原料的下游产业经营成本骤增,粮食种植结构失衡,国家财政支出负担沉重等(朱满德,2014;程百川,2016;郭庆海,2015)。

为修正"有形的手"对市场价格形成机制的影响,国家遵循"市场定价、价补分离"的基本原则,积极探索粮食价格市场化改革的有效举措。2014年国家以大豆为切入口,取消了临时收储政策,并首次在东北地区推行目标价格改革试点。目标价格政策改革成为农产品定价机制改革的破冰之举(陆娅楠,2014)。然而,大豆目标价格政策在实际推进过程中并不顺利,初试即止。2016年,国家取消了玉米临时收储政策,出台了一项"形似"目标价格政策的新政策——玉米"价补分离"政策。这次玉米收购价格政策改革是继大豆目标价格改革后粮食政策领域的又一次尝试,其核心要义是使玉米价格回归市场,生产者根据市场价格出售玉米,同时以发放生产者补贴的方式保障农户的基本收益并引导农民合理安排生产。截至2019年,玉米"价补分离"政策已在东北地区实施4年,围绕玉米收购价格政策改革有诸多问题需要进行理论与实证研究:玉米"价补分离"政策的实施效果如何?是否实现了预期政策目标?如果政策效果未达到预期目标,其原因何在?又该如何进一步深化玉米收购价格政策改革?上述问题的回答不仅有助于完善政策评估的理论框架,同时有助于丰富政策改革的研究体系,为后续水稻、小麦、大豆的价格政策改革提供理论分析框架及科学决策依据。玉米是我国重要的粮食作物,也是稳定农业经济发展、保障国家粮食安全的重要战略物资,在农业生产乃至国民经济中占有举足轻重的地位。改革和完善玉米收购价格政策对于提升国产玉米市场竞争力、促进产业上下游协调发展、实现玉米产业兴旺、保障国家粮食安全等方面具有至关重要的现实意义。

1.2 文献评述

每个国家和地区为了发展和扶持本国农业及相关产业,都会制定适合的农业补贴政策。进入21世纪,我国相继实施了一系列旨在保障粮食市场正常运行的粮食价格支持政策,例如最低收购价政策、临时收储政策等。虽然这些政策在保障农民收益、促进粮食连续增长方面起到了显著的积极作用，但是也导致国内粮食价格高位运行和国际市场竞争力不断下降的困境。为修正"托市"政策引发的问题，国家采取的关键举措是直接补贴政策，例如目标价格政策和"价补分离"政策。聚焦玉米作物，2016 年国家将玉米临时收储政策调整为"价补分离"政策，这是玉米收购价格政策改革的起点，因此本节首先对玉米临时收储政策引发问题的相关文献进行梳理，厘清关于政策改革必要性的研究成果，其次对玉米收购价格政策改革的核心举措——"价补分离"政策实施效果的研究成果进行梳理。考虑到本书提出了以玉米目标价格政策为举措的深化玉米收购价格政策改革的靶向举措，本节第三部分重点对国内外农产品目标价格政策的研究成果进行梳理，特别是对目标价格政策的实施效果、目标价格政策的国际经验、实施目标价格政策面临的难点及其破解等研究成果进行梳理。

1.2.1 玉米收购价格政策改革的必要性研究

2008 年，东北地区出台玉米临时收储政策。该政策的初衷是稳定玉米市场、保障农民种植玉米的积极性（徐志刚等，2010）。国内很多学者肯定了玉米临时收储政策的成果。国家粮食局课题组（2009）研究发现，玉米临时收储政策与粮食最低收购价政策相辅相成，有效实现了市场经济与宏观手段的结合，并在政策初期取得积极成效。玉米临时收储价格有效减轻了"谷贱伤农"现象，实现了玉米种植户收入稳增不减（姚志等，2016）。吴海霞等（2016）利用倍差法、类倍差法和倾向匹配得分法对玉米临时收储政策的"托市"效应进行分析，实证结果显示，该政策显著提高了玉米价格。国内学者普遍认为粮食价格支持政策较直接补贴政策对农民生产决策的刺激作用更强，促进粮食播种面积增加的效果更为有效（刘克春，2010；张淑萍，2012；陈池波等，2012；朱满德，2014；王镇江，2014）。徐志刚等（2010）认为，在政策实施初期，玉米临时收储政策释放了稳定的价格信号，有效刺激了农民生产的积极性，促进农民合理安排生产。方燕等（2016）通过构建玉米产量和玉米种植面积供给反应模型分析发现，2008 年东北三省一区实施玉米临时收储政策后玉米供给量受玉米价格的影响大大增强，东北产区玉米种植面积和产量大幅上涨。

玉米临时收储政策实施初期的主流方向和实效性是值得肯定的，但是玉米临时收储政策对玉米市场价格形成机制造成较大影响，影响了农民生产决策，最终导致资源配置效率低下以及相关利益流失（姜长云等，2017；朱满德，2014；李登旺等，2019）。贺伟等（2011）提出，政策性收购制约了市场功能的正常发挥，政府定价对市场价格影响较大，临时收储价格的提高导致市场价格随之刚性上涨。最终，玉米临时收储政策引发了诸多影响，如玉米结构性、阶段性供给过剩（姜长云等，2017）；巨大的进口压力（谭砚文等，2014；农业部农业贸易促进中心课题组，2014）；库存消化难度大，市场经营主体趋于单一（白岩，2009）；玉米加工企业出现"用粮荒"（陈纪英，2009）；国家财政负担加重（张天佐等，2018）；下游加工企业成本剧增（程百川，2016）；资源环境严重破坏（顾莉丽等，2017；姜天龙等，2017；蒋辉等，2016）等。综合上述学者的研究成果可知，玉米临时收储政策虽然在增产增收方面取得一定成效，但是该政策对玉米及相关产业造成了较大影响。

在对一项政策进行效果评估时，若该项政策在实践过程中显现出的消极效果远多于该项政策显现的积极效果，有必要深入探究该项政策是否具有继续实施的可能。显然，对玉米收购价格政策进行改革迫在眉睫（郭庆海，2015）。为调整玉米临时收储政策对市场的影响，2016年国家取消了实施8年之久的玉米临时收储政策，取而代之的是在东北三省及内蒙古自治区（东四盟）实施玉米"价补分离"政策。此轮玉米收购价格政策改革的核心是把原来暗含在"临储价格"中的补贴剥离出来，将其补在明处（丁声俊，2016）。一方面，玉米定价权回归市场，生产者随行就市出售玉米，各类市场主体自主入市收购；另一方面，政府向农民发放生产者补贴以保障农民收益（蔡海龙等，2017），同时引导非优势产区种植结构调整。

1.2.2 玉米收购价格政策改革效果研究

2016年，以玉米"价补分离"政策为核心举措的玉米收购价格政策改革拉开序幕。玉米是重要的粮食作物，玉米"价补分离"政策实施以来，其实施效果受到学术界的广泛关注。

1.2.2.1 玉米"价补分离"政策对玉米价格形成机制的影响

价格机制是市场机制的重要组成部分（冷崇总，1997），价格机制的形成是市场机制充分发挥作用的关键（胡耀国，1998）。以"托市"价格为举措的粮食价格支持政策对市场价格形成机制造成较大影响（贺伟，2011；许敏兰等，2008；姜长云等，2017；朱满德，2014），市场化效能正趋于弱化（王雅鹏等，2018）。完善玉米价格形成机制成为玉米"价补分离"政策出台的首要任务。自"价补分离"政策实施以来，各学者纷纷就该政策对市场定价机制的影响展开讨论。张崇尚等（2017）通过统计数据分析发现，玉米"价补分离"政策实施后东北地区的玉米价格从临时收储政策时期的每斤①1元回落至每斤0.7元，降幅约30%。自玉米"价补分离"政策实施后，国内外玉米价差总体呈现逐渐缩小趋势（刘慧等，2018），玉米及替代品的进口量逐渐减少，进口冲击减弱（张志栋，2017；李国祥，2017）。同时，玉米"价补分离"政策实现了玉米定价权回归市场，有效促进了价格机制的形成，使玉米品质间、地区间的合理价差逐渐形成（刘慧等，2018；郑适等，2017）。此外，玉米价格回归市场后，大大降低了玉米加工产业及畜牧业的生产成本，提升了企业开工率，带动了下游企业经济复苏（郑适等，2017；丁声俊，2017；张义博，2017；顾莉丽等，2018）。2017年度国内玉米消费较上年增长13.6%，其中玉米饲料消费量增幅为14.6%，可见玉米收购价格政策改革在理顺产业链方面效果明显（普冀喆等，2019）。

1.2.2.2 玉米"价补分离"政策对农民收益的影响

2016年，玉米临时收储政策调整为玉米"价补分离"政策，玉米价格回归市场，必然令东北地区农民收入下降（顾莉丽等，2017；刘慧等，2018；丁声俊，2016）。关于玉米"价补分离"政策对农民收益的影响，学者们进行了诸多讨论，部分学者给予积极评价。李国祥（2017）研究发现，政策实施第一年，多数种植玉米的农户基本收益有所保障。孔祥智等（2017）利用吉林省实地调查数据测算后发现，样本农户租种土地种植玉米，在剔除生产成本

---

① 斤为非法定计量单位，1斤＝0.5千克。——编者注

后每亩纯收益仅为 79 元，加上 170 元/亩①的生产者补贴后每亩收益为 249 元。刘慧等（2018）基于对东北地区的实地调查，深入分析后发现，生产者补贴对不同地区和不同规模的农民收益的保障程度有所不同，在核心产区，农户的收益全都得到保障；而在非核心产区，普通农户种粮收支基本持平，规模农户的收益明显亏损。与之相比，也有部分学者认为该政策在保障农民收益方面存在问题。张崇尚等（2017）利用宏观数据与微观数据进行分析后发现，生产者补贴难以弥补农民收入损失，而且补贴在区域间非常不平衡。顾莉丽等（2018）则认为，"价补分离"政策虽然保障粮农基本收益，但是目前的补贴方式粗放，严重影响该政策的收益保障效果。

1.2.2.3 玉米"价补分离"政策对农户生产决策的影响

农业政策的出台和实施对农户生产行为决策产生至关重要的作用（Just et al.，2013；杨蕾等，2016；祝华军等，2018）。Kazukauskas et al.（2013）利用准实验研究方法分析后发现，农业政策调整对农民生产决策产生影响。Vercammen（2003）研究发现，农业补贴政策刺激了农民生产投入。但是，也有研究成果提出农业政策对农民生产决策的影响程度较小（Schmitz et al.，2002；Ahearn et al.，2006）。Breen et al.（2005）通过实证分析发现，尽管脱钩政策会导致利润率发生变化，但是并不会改变农民进行农作物种植面积调整的行为。自玉米"价补分离"政策实施以来，国内学者们纷纷对该政策对农民生产决策的影响进行分析。由于玉米"价补分离"政策初期补贴细节公布时间较晚，2016 年该政策对农民种植行为的影响几乎为零，随着政策的进一步实施，种植结构调整的效果逐渐显现（顾莉丽等，2017）。刘慧等（2017）通过对吉林省白城市、河北省丰宁县和内蒙古自治区乌兰察布市 603 户农户样本进行调研发现，玉米收购价格政策改革后农民玉米种植结构调整效果初见成效，玉米播种面积有所减少。顾莉丽等（2018）基于实地调查数据进一步分析发现，不同地区不同规模的种植户反应效果不一样，在玉米核心产区，大规模种植户对政策的反应较为明显，而在"镰刀弯"地区约有一半农户进行了面积调减。但是，也有学者

---

① 亩为非法定计量单位，1 亩＝1/15 公顷。——编者注

提出玉米收购价格政策改革后，种植结构调整方向不明，实践中很多农民盲目种植（张磊等，2017）。张崇尚等（2017）认为，"镰刀弯"地区的任务与"价补分离"政策目标冲突，必然抵消政策对减少玉米种植面积的拉力。多数学者从定性角度分析了玉米"价补分离"政策实施后农民玉米生产行为的变化。

贾娟琪（2017）采用农户对生产者补贴的满意度量化"价补分离"政策，实证分析发现，农户对生产者补贴越不满意，越会减少玉米播种面积。刘慧等（2018）运用二元 Logit 模型实证研究发现，农民对玉米生产者补贴标准的满意度不高是核心产区种植结构调整意愿不强的主要因素之一。此外，也有学者利用玉米生产者补贴量化"价补分离"政策，如隋丽莉等（2018）以吉林省为研究对象，利用多元有序 Logistic 模型实证研究后发现，玉米种植区域、玉米生产者补贴及玉米价格是影响农户玉米种植面积调整最主要的因素，其中玉米补贴政策对玉米播种面积的影响为正。田聪颖等（2018）采用实证数学规划方法模拟玉米和大豆同时实施"价补分离"政策的情况下政策对农民生产决策行为的影响，结果表明，玉米生产者补贴在一定程度上可以引导农户减少播种玉米，但是政策具有一定的局限性。阮荣平等（2020）将玉米收储制度改革分为玉米临时收储政策取消和玉米生产者补贴制度建立两个阶段，并利用 DID 模型量化了这两个阶段的政策手段对农民生产决策行为的影响。

1.2.3 农产品目标价格政策的研究

虽然市场价格支持措施是农业补贴政策的核心工具之一，但是由于价格支持政策对市场价格形成机制干预过多，导致市场价格被严重干扰，因此20 世纪 90 年代之后世界各国逐渐放弃了价格支持政策，并不断向目标价格政策等直接补贴政策转变，以尽可能地减少对市场的干扰。农产品目标价格政策自 1973 被美国正式提出后，经过不断发展与完善，现已成为发达国家较为成熟的农业支持政策，关于目标价格政策的研究成果十分丰硕。国内关于农产品目标价格政策的研究起步较晚，该政策自 2008 年被政府提出后受到学术界的关注。在 2014 年启动目标价格政策实施试点后，国内更多学者将研究视角聚焦于此，围绕目标价格政策的研究也在此之后呈现井喷式增长。

1.2.3.1　农产品目标价格政策的实施效果

Noel（1989）以美国为研究对象，探究了农产品目标价格政策及其实施效果，研究结果显示，目标价格政策会导致资源配置不合理，并且提出了下一步调整的方向与方案。Evans（1980）通过分析发现，目标价格的测算公式具有一定不足与缺陷，具体表现在目标价格测算会放大目标价格扰乱市场价格配置功能的可能性。Richardson et al.（1975）利用宏观数据构建计量模型，探究不同水平目标价格与贷款利率的组合对农场收入、政府支出和消费者支出等方面产生的影响。Sharma、Sachin（2014）在多哈谈判的背景下，分析了美国出台的反周期补贴政策在实践中存在的不足之处，并提出必须对其进行调整与改革。Schnitkey、Darrel（2014）根据大豆和小麦平均价格计算了价格损失保障政策的赔付率，结果表明，大豆价格损失保障支付的机会是 4%，小麦是 31%。Boussios、O'donoghue（2019）在报告中估计了农业风险保险政策和价格损失保障政策未来十年的成本支出，并发现由于市场的不确定性，政策成本具有较强的变动性。

国外很多学者将研究视角集中在目标价格政策如何影响农户生产决策行为方面。Hennessy（1998）研究发现，目标价格政策的出台使得农民以预期市场价格为依据进行生产决策。Makki et al.（2005）利用微观数据分析了反周期补贴政策在稳定农民收入中的作用，并探究了该政策对农民种植决策行为的影响。结果表明，反周期补贴政策可以适度提高农业福利水平，关键取决于市场价格和基期面积。Westcott（2011）研究发现，相较于营销贷款政策，反周期补贴政策对市场的干扰程度更小，它通过降低生产者的收入风险，进而对生产者的生产决策行为产生一定的引导。而Sébastien（2013）通过构建动态随机模型考察反周期补贴政策对农户生产决策行为的作用机理后发现，反周期补贴政策更容易对农户的决策产生影响。Fred Gale（2013）认为，在政策实施初期，目标价格对农民生产行为的刺激作用较小，随着政策的进一步实施，其作用将会增强。Antón、Mouël（2004）从风险视角出发，运用均值—方差方法、实证分析方法定量测度了反周期补贴政策在刺激农民生产方面的作用。研究发现，反周期补贴政策有利于促进农民生产，且会产生高于基本产量的产量。Lin、Dismukes（2007）发现，反周期补贴政策增加了农民的收入和财富积累，导致农作物的种植面积增加。

国内关于农产品目标价格政策的研究起步较晚。冯海发（2014）认为，建立粮食目标价格政策是完善我国农业支持保护政策、优化我国农业补贴政策的有效选择。程国强（2014）认为实施目标价格政策，按差价进行直接补贴，在保障农民基本收益的前提下，可以使农产品价格形成机制与政府补贴脱离，发挥市场配置资源的决定性作用，是今后我国粮食价格支持制度调整的基本方向。詹琳等（2015）认为以直接收入补贴为特点的目标价格符合粮食价格支持制度的改革方向。钟钰等（2014）提出目标价格政策适合我国农业补贴政策的发展规律，不仅体现了价格支持，也做到了补贴与价格相分离。目标价格补贴政策在发挥市场形成价格的基础性作用、保护农民收益、盘活产业链上下游产业等方面已有显著成效（翟雪玲等，2015）。从上述研究成果可以看出，在农产品目标价格政策实施初期，学者们对该政策的实施效果持肯定的态度。但是，该政策在实践中释放了很多不容忽视的负面效应。黄季焜等（2015）通过对新疆棉花目标价格政策实施效果进行分析发现，在试点中存在财政成本和风险巨大、政策执行成本高昂、易滋生腐败、引发社会不稳定等问题。王文涛等（2015）提出，从短期看大豆目标价格补贴改革试点的政策效果在增加大豆产量、保障农民收益方面存在局限性，而目标价格水平低、补贴对象落实难、补贴面积统计难等问题是制约政策效应有效发挥的主要问题。武舜臣等（2017）运用 DID 模型研究发现：东北地区大豆目标价格政策在保护农户生产积极性方面尚未发挥积极作用。顾智鹏等（2016）通过对 2015 年黑龙江省大豆主产区进行调查发现，目标价格政策在实际操作中存在农户对政策认知度偏低、补贴制定不够透明、农户对政府补贴数量满意度较低、补贴方式粗放等问题。张杰等（2016）通过对新疆棉花目标价格试点的分析发现，在试点中存在数据统计差距大、补贴程序复杂、补贴发放节奏慢、"黄箱"政策制约等问题。

1.2.3.2 国外农产品目标价格政策的经验启示

美国是世界上实施农业支持和保护政策经验最丰富的国家之一，曾经使用的反周期补贴和现在实施的价格损失保障政策是其农产品目标价格补贴方式的典型代表（韩冰等，2017）。美国通过制度明确目标价格、通过合约组织规范运行、科学确定补贴标准及补贴的发放时间等做法值得借鉴（张晓武，2016）。美国依托"半脱钩化"设计使得目标价格政策规避 WTO"黄箱"规则（谭砚文等，2019）。巴西农产品差价补贴政策内容是当实际市场价格高于期权价格，由政府自己出售农产品；反之，如果期权实际市场价格低于期权价格，政府直接把市场价格与期权价格之间的差额补贴给农民，由农民自己出售（王向阳，2014）。美国、日本、韩国等发达国家与我国农产品目标价格补贴政策的差异主要体现在政策目标、补贴水平确定方法、补贴模式等方面（田聪颖等，2016）。从国际经验来看，农产品目标价格政策不是一个孤立或单独实行的制度安排，应有全面完整的内容设计和衔接配套的政策措施（秦中春，2015；程国强，2009）。建立完善的农业统计、预测、信息发布制度和开放共享的农业基础信息平台，是配套农产品支持政策改革必须推进的战略性基础工作（齐皓天等，2016）。

1.2.3.3 我国实施目标价格政策面临的难点与破解路径探索

目标价格补贴政策内容庞杂，不仅面临目标价格核定、市场价格采集、种植面积核算、补贴发放等技术操控难题，也容易遭遇市场、财政等风险的防控难题（王文涛等，2016；詹琳等，2015）。汪希成等（2016）也提出，目标价格基准价位的测算、基础数据的测量及补贴的可操作性是我国实施目标价格政策的技术制约因素。张千友（2011）提出，我国实施粮食目标价格政策还面临 WTO 政策限制、目标价格具体测算方法尚未明确、补贴方式存在分歧等困难，并提出行之有效的解决方案。詹琳等（2015）和丁声俊（2014）都认为稳妥推进农产品目标价格政策，应该坚持试点先行、简单易行的基本原则。冯海发（2014）和秦中春（2015）则强调基础支持条件是目标价格顺利实施的关键。

合理测算目标价格是农产品目标价格政策实施的核心及难点。为探索建立目标价格政策，寻求粮食收储政策的改革方向，国内学者们对目标价格定价机制展开了深入且细致的探讨。美国农产品目标价格确定的依据是"生产成本＋基本收益"（田聪颖等，2016），我国大部分学者都认同此观点。在此基础上，一些学者对目标价格的测算提出调整方案。王文涛（2011）提出，我国粮食目标价格水平应按照城乡相同的要素价格来核算成本，并按照工农业相同的利润率来确定粮食成本利润率。卢凌宵等（2015）建议将农民自己的人工成本从生产成本中扣除，加在净利润中。樊琦等（2017）提出目标价格的确定方法应重点保障生产成本，并提出新的计算公式。此外，也有学者提出，应在生产成本和基本收益的基础上，加入渐进调整系数、地区调整系数、季节调整系数、修正系数、供求系数和国际市场价格比价系数等指标，以实现目标价格的可调整性（张千友，2011；梅星星，2014；冷崇总，2015）。当然，也有部分学者不赞同按照成本收益原则测算目标价格。例如，黄季焜等（2015）提出，目标价格测算不宜采用促进农民增收的成本收益原则，应依据其长期价格变动趋势而定。"成本＋收益"的计算与最低收购价格无异，并不能表现出目标价格政策的优越性（汪希成等，2016）。伍世安（2012）认为由于"价值"不可估量，成本和收益的测算不可行，商品的真实价值无法通过成本测算和利润率核算得出。

目标价格补贴发放渠道的有效性将直接对目标价格的效果产生影响（游凤等，2014；卢凌宵等，2015），学者们关于目标价格差额补贴的方式存在较大分歧。Wise（2004）研究发现，农业补贴政策会令农民存在尽可能扩大种植面积和提高产量的冲动，导致产品供需失衡，市场价格下降，进而导致市场价格与临储、目标价格的差距进一步扩大，令农业补贴陷入"越补越多"的泥潭，在大量进口农产品冲击下，这种负面效应愈发明显。Happe et al.（2003）对德国部分地区直接补贴模式进行了分析，认为以土地面积为标准的直接补贴政策不会影响其农业结构的调整和农业竞争力的提高，也不会对农民收入产生较大影响，而以种植面积和产量相结合的方式进行混合支持补贴，且以种植面积为标准的补贴刚好满足其管理费用即可，这样的方式可以提高农业竞争力。戴冠来（2009）认为，在粮食供求基本平衡的情况下，与当年产量挂钩的补贴方式容易刺激粮食生产，进而导致产能过剩。齐皓天等（2016）认为完全挂钩的补贴方式面临着WTO规则的约束，而完全脱钩的补贴方式缺乏财政效率，建议我国农产品目标价格实施半脱钩的补贴方式。郭庆海（2017）则认为以产量为依据发放补贴优于以面积为依据发放补贴，关键在于严密设计和系统组织体系，在信息技术平台基础上，经过试验和论证，根据产量发补贴存在可行性。以种植面积为依据的农业补贴将会以土地租金的形式转移给土地所有者（程国强等，2011）。如果种植者以佃农为主，与面积挂钩的直接补贴会导致农地租金上涨，土地所有者获得的比例越高，直接补贴保障农民收入的政策效果越不明显（Patton，2008）。关于补贴方式与地租的关系，朱满德也提出，面积补贴的收益很大程度上被土地增值吸收，即土地资本化为土地价值和租金，这意味着土地所有者的生产性财富增加，经营者收益减少。

1.2.4 研究评述

综合国内外研究现状和发展动态，学术界针对玉米收购价格政策改革及目标价格政策已经展开了大量研究，均为本书提供了有价值的研究成果。但是仍然存在一些值得继续深入分析和完善的空间，这将成为本书着力探讨的内容。

（1）虽然国内学者围绕玉米"价补分离"政策效果展开了诸多研究，但是既有研究主要聚焦于某一方面的实施效果，政策评估视角较为单一，很大程度上影响评估结果的真实性与全面性；同时，既有研究成果多是停留在政策表面，缺乏对作用路径、原理等内在机理的剖析与探讨，研究的广度与深度仍需拓展。

（2）关于玉米"价补分离"政策对农民生产决策影响的评估多集中在定性层面，鲜有学者利用严格的定量模型揭示政策与农民种植玉米决策之间的因果关系，农业生产经营的复杂性决定了定性分析难以避免其他因素的干扰，某种程度上降低了研究结果的解释力和参考价值；同时，在既有的定量研究中，多数学者用生产者补贴、生产者补贴满意度来量化"价补分离"政策，并没有考虑市场价格与生产者补贴之间的联系，相关分析结果可能存在偏差。

（3）国内外学术界对目标价格政策的研究较为丰硕，但鲜有研究将目标价格政策纳入玉米收购价格政策改革的研究框架，也缺乏目标价格政策与现行"价补分离"政策的比较研究，这在一定程度上限制了玉米收购价格政策市场化改革研究的外延，在深化玉米收购价格政策改革的重要时期，有必要引起足够的重视与关注。

鉴于以上研究的不足，本书尝试从多维度、多视角对玉米"价补分离"政策初期的实施效果进行全面、客观的评估，在构建"生产者引导价格"量化"价补分离"政策的基础上，利用严格的实证分析方法刻画"价补分离"政策的种植结构调整效果，明晰政策作用机制与内在机理。用经济学视角对比分析目标价格政策与"价补分离"政策，进一步提炼深化玉米收购价格政策改革的优选方向，进而架构粮食收购价格政策改革的整体框架。

1.3 理论基础

1.3.1 政策评估理论

20 世纪 40 年代，美国政治学家 H. D. 拉斯韦尔（Harold·D. Lasswell）提出了政策科学的概念。政策科学着眼于运用系统的知识、结构的理论和组织的创造性来改进政策制定，以制定更好的政策。政策科学概念的提出不仅让政策分析有了科学依据，而且通过政策分析的不断演进和完善，已经引申为政策制定、政策执行、政策评估等多种内容（王瑞祥，2003）。政策评估是政策分析过程中的重要方面，依托科学的政策评估，能够有效判定某一项正在实施的政策能否实现预期目标，如果政策目标与效果之间出现偏差，可根据测算的评估结果提出行之有效的政策调整方案进行改革（安德森，1990；陈振明，2004）。拉斯韦尔（1970）认为，分析公共政策的因果关系就是政策评估，陈振明等（1993）提出，政策评估是指一项政策实施之后评估主体对政策效果、效率及价值等方面做出客观、公正判断的活动，以便为将来改进政策提供参考。

进行政策评估的首要环节是选择和建立客观又科学的政策评估标准。围绕这部分内容，国内外学者们已进行了诸多分析与探讨，为本书研究提供了丰富的研究成果（图1-1）。

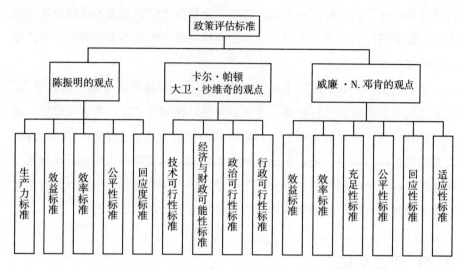

图1-1　各学者提出的政策评估标准的梳理

陈振明等（1993）认为，生产力标准、效益标准、效率标准是政策评估的关键准则。他提出，生产力标准是政策评估的基本标准，是指一项政策能否释放生产力或在多大程度上释放了生产力，该标准以促进生产力发展的角度对政策进行评估。效益标准是评估政策实施效果是否与预期政策目标一致的重要标准，检验政策目标的达成程度以及实际效果与预期政策目标的偏离程度。陈振明（2003）在《政策科学——公共政策分析导论》一书中对政策评估标准进行了补充，将公平性标准和回应度标准纳入政策评估之中。公平性标准是指一项政策实施后所带来的资源在不同主体之间的配置。政策回应度标准是指一项政策对特定团体需求与偏好的满足程度。团体的满足程度越高，对政策的回应度就高；否则，对政策回应度就低。

帕顿和沙维奇（2001）则将政策评估的标准划分为技术可行性标准、经济与财政可能性标准、政治可行性标准和行政可操作性标准四个方面。其中，技术可行性是指在政策实施周期中，其产出是否达到了政策的预期目的，该概念与陈振明等提出的效益标准一致。经济可行性是指一项政策方案的财政支出和所能获得的经济效益。政治可行性是指政策方案对决策者、管理者等主体的影响。行政可操作性衡量的是在特定行政环境中有多大的可能性实施该项政策。

威廉·N. 邓恩（2002）则认为，效益、效率、充足性、公平性、回应性和适宜性是政策评估的六大标准。效益标准是政策评估准则体系中的首要标准，衡量政策能否实现所期望的行动结果，即能否实现政策目标。效率标准衡量为达到预期效果所要付出的努力，若一个政策能用最低成本获得最大效益，这表明该项政策具有效率。充分性标准衡量政策效益在多大程度上解决了问题，反映政策方案与有价值的效果之间的关系。公平性标准衡量的是效果和努力是否平均分配到社会各个群体，即实施的政策是否使社会福利水平最大化。回应性标准是政策评估中必不可少的一环，衡量的是政策满足特定群体的需要、偏好或价值观的程度，其重要性体现在即使某个政策能够实现其他所有标准，但是也有可能无法满足回应性标准。适宜性标准衡量政策目标的价值和支持这些目标的前提是否站得住脚。

综合上述分析，虽然各位学者在政策评估标准的选取上存在一定差异，但是他们的研究成果丰富了政策评估理论体系，拓宽了政策评估的维度，为本书提供了强有力的理论依据与参考。基于政策评估理论的现有研究成果，本书第四章构建了玉米"价补分离"政策的评估体系，从公平性、效益性和回应性三个维度全面评估该政策的实施效果。第一，公平性评估标准，即分析由临时收储政策变迁为"价补分离"政策后社会福利的变化情况，以卡尔多改进为准则考察此轮政策改革能否实现社会公平。第二，效益性评估标准，即考察政策效果与预期政策目标之间的契合效果和偏离效果，如果政策未达到预期目标，将进一步探究更深层次的原因。第三，回应性评估标准，即通过农民对政策的认知程度及满意程度的指标明确农民对该政策的需求与偏好，以便为后续改革提供经验（表1-1）。

表1-1　玉米"价补分离"政策的评估体系

标准类型	拟解决的问题	说明性的指标
公平性标准	是否实现卡尔多改进？	卡尔多改进准则
效益性标准	是否实现预期政策目标？	政策目标契合度和偏离度
回应性标准	是否满足农民的需要与偏好？	认知程度和满意程度

1.3.2 福利经济学相关理论

福利经济学是研究社会经济福利的一种经济学理论体系，根据理论的发展阶段可分为旧福利经济学和新福利经济学。旧福利经济学以基数效用学说为理论基础，代表人物是阿瑟·塞西尔·庇古（Arthur Cecil Pigou）。庇古在1920年出版的《福利经济学》中第一次系统地论证了整个经济体系实现经济福利最大值的可能性。旧福利经济学包括两个基本的福利命题：一是国民收入总量越大，社会经济福利就越大；二是国民收入分配越是均等化，社会经济福利就越大（Pigou，1920）。新福利经济学则以序数效用学说为理论基础，代表人物是意大利经济学家维尔弗雷多·帕累托（Vilfredo Pareto）。帕累托对瓦尔拉斯的一般均衡分析进行了改进，并提出帕累托最优。帕累托最优是新福利经济学判断社会经济福利最大与否的标准。帕累托最优是指如果资源在某种配置下不可能由重新组织生产和分配来使一个人或多个人效用增加，而不使其他人的效用减少，那么这种配置就达到了帕累托最优的状态。基于帕累托最优，帕累托进一步提出了"帕累托改进"这一概念。如果一种资源配置通过一种恰当的分配或补偿措施，在不减少一方的福利的情况下，使至少一个人的境况有所改善，这种情况叫作帕累托改进，也称为帕累托改善。

1939年，约翰·希克斯在帕累托改进的基础上提出了"卡尔多—希克斯效率"，又称"卡尔多改进"。如果一个人的境况由于政策调整而变好，而且在他补偿另一个人的损失之后仍然有剩余，也就是说政策调整后社会整体的经济效益得以改进，这就是实现了卡尔多改进。相较于帕累托改进，卡尔多改进的条件更为宽泛，因此被广泛作为政策评估中的公平准则。现阶段进行的玉米收购价格政策改革是由玉米临时收储政策改为"价补分离"政策，其核心在于玉米价格回归市场。玉米价格回归市场之后必然导致资源的重新配置和利益格局的改变，从而使得生产者剩余、消费者剩余与政府支出发生变化。因此，根据福利经济学的相关理论，本书第四章运用卡尔多—希克斯效率改进准则，着重探析玉米"价补分离"政策替代临时收储政策引发的社会福利变化，以此判断现行玉米收购价格政策改革是否实现公平的资源配置。

1.3.3 农户行为理论

农户是农村生产、生活和交易的基本单元，国内外研究者们在农户经济行为研究领域做出大量的贡献。通过文献查阅发现，农户经济行为研究主要形成了以下几种具有代表性的经典理论：理性小农理论、家庭效用最大化理论与道义小农理论。

西奥多·舒尔茨是理性小农理论的代表人物。舒尔茨（1963）坚决反对轻视农业的看法，他认为："并不存在使任何一个国家的农业部门不能对经济增长做出重大贡献的根本原因。"他又强调，相较于传统农业，现代农业在促进经济增长方面发挥了积极作用，对于发展中国家来说，将传统农业改进为现代农业是推进经济增长的重要举措。舒尔茨从传统农业的特征入手分析小农行为，用危地马拉的帕那加撒尔和印度的塞纳普尔两个案例说明：传统农业中的农民并不愚钝，也不懒散，具有理性。相反，他们精明能干、锱铢必较。为追求利润最大化，他们对市场价格的变动能做出迅速而正确的反应，不断努力使现有的生产要素的配置达到最优。他认为，小农是追求利润最大化的"经济人"，一旦有了经济利润的刺激，小农便会为追求利润而创新，从而改造传统农业。将农民经济理性引入经济学是舒尔茨的杰出贡献（弗兰克·艾利思，2006）。在此基础上，经济学家萨缪尔·波普金（Samuel Popkin）对理性小农理论进行了完善，波普金（1979）在《理性小农：越南农业社会的政治经济》中提出，小农是一个权衡了长短期利益及风险后，为追求最大生产利益而做出合理抉择的"理性小农"。

苏联经济学家——恰亚诺夫（Chayanov）是家庭效用最大化理论的代表人物。恰亚诺夫（1986）认为：农民家庭是农民农场经济活动的基础，而家庭经济以劳动的供给与消费的满足为决定因素。农民追求家庭效用的最大化，即对一个家庭而言，一方面，他们需要增加劳动投入进而获得收入满足家庭消费；另一方面，劳动投入是辛苦而乏味的。家庭农场的经济活动量取决于家庭劳动辛苦程度与满足家庭消费所需的产品量之间的均衡。小农经济是保守的、落后的、非理性的，因此小农的最优选择是家庭消费与劳动投入之间的均衡，而非成本—收益的比较。

美国著名学者詹姆斯·C. 斯科特（1977）在研究东南亚国家和地区的农户行为后发现，研究区域农户生产的主要目标是满足家庭生计需求，安全和生计是农户追求的首要目标，农户被称为"道义小农"。农户会选择一种传统但是可靠的生产方式和技术进行生产，他们会考虑其生产效率，但重点是安全可靠。这种观点明显区别于舒尔茨的理性小农理论，因此也被称为"农户风险规避理论"。道义小农理论解释了传统农业中许多农户"非理性"行为，并为农户经济行为研究领域开辟了另一个研究视角。

上述学者提出的经典农户经济行为理论在研究视角或研究内容上存在分歧，但都为本书的研究提供了丰富的理论支撑。无论农户追求利润最大化，还是家庭效用最大化，或是满足家庭生计需要，农户经济行为主要是为了追求一定条件下的最大化，各农户行为理论是在不同经济体制、发展时期和市场经济条件下提出的。目前，我国已经建立了社会主义市场经济体制，在社会主义市场经济条件下，农民是自主经营的经济活动主体，提高经济效益、追求利润最大化是其基本目的与追求（林海，2003）。这意味着，农户的经济行为符合"理性经济人"假设。基于此，本书第五章基于农户追求利润最大化的理性小农理论，重点探究玉米"价补分离"政策与农民种植玉米生产决策行为之间的因果关系，以此为基础，廓清该政策对农民种植结构调整的影响机制。

概念界定

玉米收购价格政策改革：政策改革是一个动态的过程，并非某一个政策或制度所能概述，所以玉米收购价格政策改革是一个发展的概念，也是一种政策变迁的过程，通过变迁形成一种更为理性而有效的政策安排，体现了旧政策的终结和新政策的实施，核心在于农民面临的收购价格的变化。本书研究的玉米收购价格政策改革涵盖两个阶段，第一阶段是由临储政策改为玉米"价补分离"政策，收购价格由临时收储价格变为生产者引导价格。此轮政策改革始于 2016 年，其核心要点是玉米价格完全由市场供求关系决定，各市场主体随行就市收购玉米，对于农民因价格回归市场造成的收益受损由国家进行补偿。本书研究的玉米收购价格政策改革涵盖的第二阶段是玉米收购价格政策改革的进一步深化，即针对"价补分离"政策存在的不足，遵循市场化原则，探寻政策未来的可能走向。通过分析与探讨，本书提出了用玉米目标价格政策替代"价补分离"政策的改革思路，此时农民面临的收购价格由生产者引导价格变为目标价格。根据研究需要，本书将研究视角聚焦于两个方面，一是对玉米收购价格政策改革的初期效果进行评估，二是探寻进一步深化玉米收购价格政策改革的靶向措施，并提出新政策的实现路径（图 1-2）。

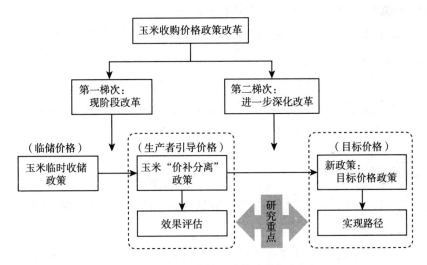

图 1-2 玉米收购价格政策改革概念框架

生产者引导价格：在完全市场经济条件下，农户的生产决策行为取决于市场价格。在玉米"价补分离"政策的框架之下，由于国家向农民发放的是玉米专项补贴，农民在进行生产决策时会将生产者补贴"换算"成价格，附加在市场供求关系形成的真实价格之上。在现实生活中，农户进行生产经营决策和种植结构调整所依据的实际价格不再是单一的市场价格，而是市场价格加上生产者补贴，若按照市场价格来考察农民的生产决策行为容易产生偏差。为此，本书将玉米市场价格与生产者补贴形成的新价格命名为生产者引导价格。

1.5 研究目标与研究内容

1.5.1 研究目标

本书的总目标是客观评估玉米"价补分离"政策初期（2016—2019 年）的实施效果，分析政策不完善之处，找到深化玉米收购价格政策改革的靶向措施，并在吸收国际有益经验的基础上探讨其实现路径。

本书的具体目标如下：

（1）梳理新中国成立以来玉米收购价格政策的演变历程，分析玉米收购价格政策改革原因、政策目标及实施方案。

（2）评估玉米"价补分离"政策初期（2016—2019 年）的实施效果，分析当前政策的不足之处。

（3）探寻进一步深化玉米收购价格政策改革的靶向措施。

（4）根据目标价格政策的国外经验及启示，探讨新举措——目标价格政策的实施难点及其破解思路。

1.5.2 研究内容

基于以上对相关理论、相关概念和研究目标的阐述，本书研究内容包括以下几个部分。

（1）新中国成立以来玉米收购价格政策的回顾及玉米收购价格政策改革的梳理（第二、三章）。利用历史演变法梳理新中国成立以来玉米收购价格政策的演变历程，总结政策调整与改革的内在规律并归纳出对后续改革的经验启示。分析玉米收购价格政策由临时收储政策改为"价格分离"政策的原因，着重关注玉米"价补分离"政策的目标及实施方案，为后续政策效果评估及运行机制探讨提供基础性资料与依据，以完成具体目标一。

（2）玉米"价补分离"政策的实施效果评估（2016—2019 年）（第四、五章）。从公平性、效益性及回应性三个维度全面评估"价补分离"政策在 2016—2019 年释放的政策效果。利用实证分析方法定量测度玉米"价补分

离"政策对农民种植结构调整行为的影响程度与机制，明晰政策效果未达到
预期目标的原因，以完成具体目标二。

（3）玉米收购价格政策改革的进一步深化（第六章）。从经济学角
度，比较分析目标价格政策与"价补分离"政策的作用原理与效果，廓
清两个政策的优缺点。分析大豆目标价格政策终结的原因。基于上述分
析，提出以玉米目标价格政策为核心举措的深化改革思路，以完成具体
目标三。

（4）玉米目标价格政策的实施难点及其破解（第七、八章）。首先，
梳理美国、日本、韩国农产品目标价格政策的演进轨迹，归纳总结出对
玉米目标价格政策实施的经验和启示。其次，剖析实施玉米目标价格政
策可能面临的难题。最后，吸收国外目标价格政策的成熟经验，提出破
解路径，以完成具体目标四。

1.6 研究方法与技术路线

1.6.1 研究方法

结合研究问题、研究目标及研究内容，本书将综合运用政策评估理论、
福利经济学相关理论与农户行为理论构建本书的理论框架，以宏观统计数据
与微观实地调查数据为基础资料，对我国玉米收购价格政策改革问题展开分
析与探讨。

1.6.1.1 历史演变法

任何事物都有发展演变的历史过程，通过梳理与回顾事物的发展演变
过程，可以分析事物的过去与未来。本书运用历史演变法对新中国成立以
来玉米收购价格政策的演变过程进行梳理，明晰不同历史阶段政策出台的
背景、政策目标、政策手段及政策特征，把握制度变迁的内在规律，归纳
政策实施过程中存在的经验。同时，通过大量翻阅文献，总结以往学者的
研究成果，从历史演变角度探究不同时期发达国家农产品目标价格政策的
发展轨迹与演进规律，总结其对我国实施玉米目标价格政策可提供的

经验。

1.6.1.2　比较分析法

比较是认识事物的基础，比较分析法广泛应用于科学研究的各个领域。比较分析玉米临时收储政策调整为"价补分离"政策所引发的福利水平的变动情况，明晰玉米收购价格政策改革的实施效果。对比分析"价补分离"政策与目标价格政策的作用原理和作用效果，厘清二者的本质区别，为探索玉米收购价格政策的改革方向提供有益思路。

1.6.1.3　田野调查法

现行玉米收购价格政策改革的区域是东北三省及内蒙古自治区的东四盟，其中吉林省是世界著名的三大黄金玉米带之一，既是我国重要的商品粮基地，也是玉米生产大省。吉林省玉米播种面积、产量、商品量、调出量一直稳居全国前列，在平衡粮食市场供求、保障国家粮食安全等方面发挥着重大作用。2015 年吉林省玉米产量达到 2 805.73 万吨，1978—2015 年吉林省对全国玉米产量增长贡献率为 13.19%，在此期间，吉林省玉米产量年均增长率达 4.17%，比同期全国玉米产量年均增长率（3.73%）约高 0.44 个百分点，在保障国家粮食安全方面做出了重要贡献。因此，吉林省农户的玉米生产经营行为在政策实施区域具有典型代表性。河南省是我国重要的玉米产区，具有发展玉米生产的良好生态条件。据国家统计局统计，河南省玉米常年播种面积在 5 000 万亩以上，约占全国玉米播种面积的 9%，2015 年我国玉米产量排名前五名的省份依次是黑龙江省、吉林省、内蒙古自治区、河南省和辽宁省，河南省位列全国第四位[①]。所以，河南省农户的玉米生产经营行为在非政策实施区域具有典型代表性。本书通过对政策实施区域（吉林省）和非政策实施区域（河南省）进行田野调查，收集了第一手农户生产数据，为后续政策评估提供了翔实的数据基础与支撑。

调查方案设计如下：2016—2019 年先后走访政策实施区域吉林省的公主岭市、梨树县、农安县、德惠市、大安市、通榆县、乾安县、长岭县、和

---

① 数据来源：《中国统计年鉴 2016》。

龙市与敦化市 10 个县（市），非政策实施区域河南省的滑县、内黄县、原阳县、长垣县、清丰县、濮阳县、温县与修武县 8 个县（市）。问卷调查采取随机原则，调查问卷主要涉及农户家庭基本特征、流转土地基本属性、玉米种植成本收益、农业补贴发放等方面。在对吉林省的调研中，每个县（市）抽取 2 个镇，每个镇抽取 2 个村，每个村抽取 15 个农户，共计 600 个样本进行问卷入户调查，收回有效问卷 538 份，问卷有效回收率 89.67%。在对河南省的调研中，每个县（市）随机抽取 1 个镇，每个镇随机抽取 2 个村，每个村随机抽取 15 个农户，共计 240 个样本进行问卷入户调查，收回有效问卷 220 份，问卷有效回收率为 91.67%。

1.6.1.4 实证分析方法

（1）双重差分模型。双重差分模型（difference-in-diffence，DID）在国外应用较早，国内最早引入 DID 模型的是周黎安和陈烨（2005），他们利用 DID 实证分析了农村税费改革对农民收入的影响。此后，该模型逐渐推广至国内的诸多领域，用于刻画某项政策对个体的实际净影响。始于 2016年的玉米"价补分离"政策可以近似看作是一个准自然试验，实施区域为东北三省及内蒙古自治区（东四盟）。利用面板数据，本书构建了既可控制个体固定效应，又可控制时间固定效应的"双向固定效应模型"，即经典 DID 模型。通过构建经典 DID 模型，本书实证分析了玉米"价补分离"政策对玉米播种面积的实际净影响。

（2）二元 Logistic 模型。Logistic 模型是经济学中被广泛应用于研究主体经济行为选择过程的一类计量经济模型。由于本书的因变量（农户种植结构调整）的离散数值有两类，因此构建了二元 Logistic 模型进行实证分析。通过构建二元 Logistic 模型，本书分析了玉米"价补分离"政策对农民种植结构调整行为的影响。

1.6.2 数据来源

本书所采用的数据主要来自以下 3 个途径。

（1）通过查阅历年《中国统计年鉴》《中国农业年鉴》《吉林统计年鉴》《黑龙江统计年鉴》《辽宁统计年鉴》《内蒙古统计年鉴》《全国农产品成本收

益资料汇编》，以及国家统计局、农业农村部、Elsevier Science Direct（爱思维尔）、布瑞克农业数据库等官方网站，获得数据及相关资料。

（2）对吉林省与河南省典型市县进行调查，以获得两省各区域玉米种植生产的第一手数据和资料。

（3）通过查阅中国知网、公开发行的书籍等借鉴已有的研究成果，获得第二手的数据和资料。

1.6.3 技术路线

本书的技术路线如图1-3所示。

1.7 本书主要的创新点

（1）基于政策评估理论，本书构建了"公平性—效益性—回应性"三维政策评估体系，从社会福利变化、政策目标契合度和农民对政策的认知程度与满意程度三个方面，全方位地评估了玉米"价补分离"政策的实施效果，突破了以往研究的单一视角，使得到的研究结果更具全面性与真实性。

（2）本书提出了"生产者引导价格"的概念框架，使玉米"价补分离"政策的衡量更具说服力。将生产者引导价格引入农户行为理论模型，为揭示"价补分离"政策对农户种植结构调整行为的影响机制提供更可靠、更严谨的理论证据，并运用实证分析方法对其进行检验，增强了研究结果的解释力和决策参考价值。

（3）本书将目标价格政策纳入深化玉米收购价格政策改革的基本框架，并提出了相应的理论依据，拓宽了玉米收购价格政策改革研究的外延。在归纳总结目标价格政策国际经验的基础上，结合我国国情、农情，对实施目标价格政策面临的难点进行了多维度的分析与探讨，为未来粮食政策调整与完善提供了更有针对性与指导性的视角与思路。

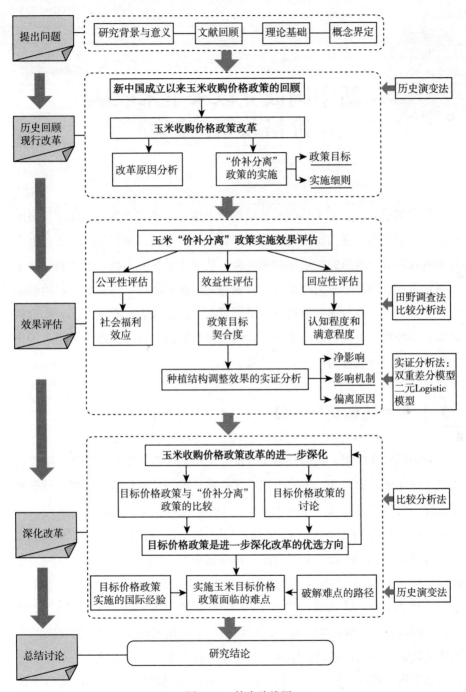

图1-3 技术路线图

2 新中国成立以来玉米收购价格政策的回顾

新中国成立以来，玉米收购价格政策发生了很多重大变革，深刻折射出粮食生产格局的变化与国家调控目标的转变。本书认真梳理和总结了近七十年玉米收购价格政策的发展历程和经验，认清了不足和短板，对于新时期全面深化玉米收购价格政策改革，完善农业支持保护制度，推动农业供给侧结构性改革，实现乡村振兴战略具有重要意义。总的来看，我国玉米收购价格政策主要经历了由最初政府主导的统购统销政策调控方式到逐步转向市场化的演变过程，可以分为以下五个阶段。

2.1 粮食统购统销阶段（1953—1984 年）

新中国成立以来，我国开始实行优先发展重工业的工业化战略。随着大规模工业化建设的展开，国家出现生活必需品特别是粮食紧缺的情况。根据粮食部当时的报告，1952 年 7 月 1 日至 1953 年 6 月 30 日的粮食年度内，国家收入粮食与支出粮食赤字 40 亿斤，1953 年 6 月 30 日全国粮食库存下降了 40 亿斤，当年 10 月，全国粮食销量同比增加 31％（孙庭阳，2019）。为缓解粮食赤字危机，1953 年 11 月，中央人民政府政务院发出了《关于实行粮食的计划收购与计划供应的命令》，统购统销政策应运而生。同年 12 月初，除西藏自治区和台湾省外，统购统销政策在我国城乡开始贯彻落实。统购统销政策是我国计划经济体制下最重要的制度之一，是当时历史条件下粮食供求矛盾发展的必然产物（刘圣陶，2006）。统购即计划收购，统销即计划供应，具体操作是对城镇居民以统销的方式低价供应粮食，以统购的方式收购农民的粮食，以降低工业成本，减轻国家压力。粮、棉、油等重要农产品都退出了自由市场，开始由国家经营（田锡全，2007）。1958—1965 年国家先后四次提高统购价格，使 1965 年的粮食统购价格比 1957 年平均提高 35％。1966 年，国家再次提高统购价格，玉米、稻谷、小麦、高粱、谷子、大豆 6 种主要粮食每百斤的平均统购价格为 10.82 元，较上年提高 17.1％。统购统销政策缓解了粮食紧缺的局面，基本保证了人民消费需要和工业用量需要（谢敬，2003）。根据国家统计局提供的数据，全国粮食产量从 1949 年的 11 318.4 万吨增加至 1965 年的 19 452.5 万吨，年均增长 3.24％。全国人均粮食占有量由 1949 年的 208.9 千克增加至 1957 年的 306 千克，涨幅为 46.48％。全国玉米产量由 1949 年的 1 242.00 万吨上涨至 1957 年的 2 144.00 万吨。1966—1976 年，国家采取了较为谨慎的宏观政策稳定物价，未对玉米等大宗农产品的统购价格做出任何重大调整（李邦熹，2016）。

由于购销价格长期"倒挂"，粮食的商品属性未能充分发挥，农民利益不断流向城镇居民（谭砚文等，2019）。改革开放后，为调动农民粮食生产的积极性，刺激粮食产量大幅度增长，提高农民种粮收入水平，严格的统购统销政策开始有所松动，具体体现在两个方面：一是提高统购价格。粮食统购价格较之前提高 20％，超购部分的加价幅度由原来的 30％上涨至 50％，粮食销价一律不动。从 1979 年 3 月开始到同年 10 月，政府陆续提高了粮食、油料、棉花、生猪等 18 种农副产品的收购价格。根据国家物价局计算，上述农副产品收购价格平均增幅达 24.8％（陈锡文，2008）。全国 6 种粮食作物小麦、稻谷、谷子、玉米、高粱、大豆的加权平均价格每千克提高 20.86％（赵德余，2017），超购部分调整为 50％。二是减少统购任务。从 1979 年起减少粮食征购任务 50 亿斤，国内的供求缺口由进口来弥补。国家统一减免稻谷种植区人均口粮小于 200 千克、旱作区和杂粮区人均口粮不足 150 千克地区的统购任务。1982 年，国家粮食统购量比 1979 年减少了 734 万吨，减少幅度近两成。与此同时，国家缩小了对农产品的统购派购范围。到 1984 年底，国家统购派购的农产品由最多的 180 多种减少至 38 种（其中，中药材 24 种），统购派购的范围大幅度缩小。不仅如此，在此期间，国家开始放松对粮食购销的管控力度。1979 年，国家提出对国有粮食部门开放部分粮油产品的销售权，允许粮食集贸市场按照市场价格销售粮食。1983 年，中共中央出台的《当前农村经济政策的若干问题》中进一步指出，农民在确保能够完成国家下发的粮食统购派购任务的前提下，可以将剩余粮食在市场上流通销售。1984 年，经国务院批准，粮食统购的范围只包括稻谷、小麦、玉米三种作物品种。

随着家庭承包经营制度的建立与粮食购销市场的松动，农民种粮收益显著提高，农民粮食生产的积极性高涨，粮食产量得以较大增长。根据《中国统计年鉴》提供的数据，全国粮食产量由 1978 年的 30 476.5 万吨猛增至 1983 年 38 727.5 万吨，净增 8 251 万吨，增幅达 27.07%。到了 1984 年，全国粮食产量首次突破 40 000 万吨，比上年增长 5.17%，粮食产量跃居世界第一位。1978 年全国玉米产量为 5 590 万吨，至 1984 年增长至 7 340 万吨，增幅达 31.31%（表 2 - 1）。

表 2 - 1　1978—1984 年中国粮食及玉米产量

单位：万吨

年份	粮食产量	玉米产量
1978	30 476.5	5 590
1979	33 211.5	6 000
1980	32 055.5	6 260
1981	32 502.0	5 920
1982	35 450.0	6 060
1983	38 727.5	6 820
1984	40 730.5	7 340

数据来源：《中国统计年鉴（1979—1985 年）》。

在粮食生产取得成绩的同时，粮食收购价稳步提升，粮食销售价格却没有得到相应提升，导致粮食购价比销价高。在上述困境之下，国家只能通过发放补贴的方式弥补较大的购销差价，加之粮食产量连年增加，国家财政面临着严峻压力与考验。据国家统计局的统计，1978—1984 年，用于发放粮食补贴的财政资金高达 955.39 亿元，其中，1984 年财政补贴较 1983 年增加 40 多亿元，粮食补贴财政支出占同时期财政总支出的 10.5%。粮食统购统销政策作为计划经济体制的一个组成部分，对国家工业化快速发展发挥了不可低估的效果，它在特定时期起到了抑制市场投机行为、稳定市场价格、缓和粮食危机的作用（孙庭阳，2019）。但是逐步僵化的计划经济体制，违背了市场经济规律，严重挫伤农民积极性，是我国农业生产发展缓慢的重要因素（陈国庆，2006；孙庭阳，2019）。

2.2 价格"双轨制"阶段（1985—1997 年）

在沉重的国家财政负担与农民"卖粮难"问题的双重压迫之下，1985年中央 1 号文件明确提出：除个别品种继续实施统购统销政策外，其他农产品根据不同情况分别实行市场收购与合同定购，这意味着我国实施 32 年之久的统购统销政策终结，国家不再向农民下达农产品统购派购的任务。具体操作是：国家相关部门与农民在春播之前签订定购合同，在秋收之后，定购的粮食将按照"倒三七"[①] 比例由国家收购，非定的粮食可由农民自由出售至市场。为有效保障农民种粮收益，1985 年中央 1 号文件还规定，当市场价格低于原统购价格时，国家按照原统购价格敞开收购。实际上，此时粮食市场上存在着两种价格：一是定购价格，二是市场价格，标志着我国粮食收购价格政策进入价格"双轨制"阶段。价格"双轨制"的实施是我国确定渐进式粮食流通市场化改革的关键一步（华奕州等，2017），是我国计划调节比重不断减少，市场调节比重逐步增加的标志。

然而，这项改革政策出台不久，由于粮食市场供求关系出现变化，全国粮食产量出现大幅度减产。1985 年，全国粮食产量仅为 37 910.8 万吨，与1984 年的 40 730.5 万吨相比减少 6.92％。[②] 为保证粮食供给充足，摆脱粮食生产下滑的局面，国家开始对粮食收购价格政策进行重新调整，最终决定采用提高收购价格的措施。从 1986 年开始，国家每年分地区、分品种小幅度调高粮食合同定购价格，至 1989 年，粮食合同定购价格提高了 18％。然而，即便如此，该项改革政策效果仍不理想。1986—1989 年全国粮食产量

---

① "倒三七"比例是指三成按照原统购价，七成按照原超购价。
② 数据来源：《中国统计年鉴》。

低位徘徊，1986 年全国粮食产量为 39 151.2 万吨，至 1989 年全国粮食产量仅为 40 754.9 万吨，回落至 1984 年水平。而在此阶段，我国粮食市场价格呈现高位运行趋势，远高于合同定购价。在利益的驱使下，农民交售定购粮的意愿不强，导致"政府收粮难"问题在现实中凸显。国家为控制粮源，满足城镇居民"平价粮"的供应，1990 年取消了自愿性的"合同定购"制度，将其改为"国家定购"制度。相较于合同定购，国家定购具有较强的强制性，属于农民对国家必须完成的义务。国家定购的品种主要包括玉米、小麦、稻谷、大豆。从深层次看，1985 年取消的"统购统销"政策仅为"名词上的取消"，"国家定购"政策相当于政府以一个比较高的价格水平实行粮食的统购，导致了事实上的"合同定购比统购还统购"（陈锡文等，2018）。在国家强制定购政策的推动下，1990 年全国粮食生产获得大丰收，总产量为 44 624.3 万吨，继 1984 年之后再创历史最高纪录，与上一年相比增产 9.49%。粮食产量的大幅度提高再次引发了农民"卖粮难"危机。

在这种情况下，国家决定逐步放开粮食市场价格。1991 年底，国务院在《关于进一步搞活农产品流通的通知》中提出，在农民完成国家定购任务的情况下，对粮食实行长年放开经营政策。1991 年 5 月，国家决定提高粮油统销价格，以解决"购销倒挂"问题。然而，此次提价的效果并不显著，1992 年 4 月，国家再次提高粮食统销价格，实现了购销同价。随后，国家决定在全国各地开展放开粮价、放开经营的试点。自广东省首先开展试点后，试点在全国范围内铺展开来。1993 年 2 月国务院出台《关于建立粮食收购保护价制度的通知》，正式提出粮食最低保护价制度。最低保护价主要由国务院和省、自治区、直辖市人民政府根据当地实际情况，按照不低于但是可以高于中央下达的基准价格水平制定本地区的收购保护价。同时，该通知提出取消城镇居民粮食供应制度，居民凭借"粮票"购买粮食的方式正式退出历史舞台。由此可见，我国粮食流通体制改革开始由计划经济转向市场经营。政策实施不久，问题接踵而来。由于粮食市场供求失衡，1993 年全国粮食市场价格上涨，1994 年全国粮食生产的供需失衡进一步导致粮食价格快速上涨，出现了严重的通货膨胀。从 1994 年开始，国家对全部定购的粮食实行了"保量放价"，迈出计划价格向市场价格并轨的第一步（张治华，

1997)。"保量放价"是指国家按照市场价格收购粮食，既要保证粮食定购数量，又要保证价格不偏离市场。与此同时，各地相关部门要承担起相应责任，对低价粮食给予补贴，对高价粮食实行限价，防止因粮价过低影响农民收益或粮价暴涨等负面问题发生。遗憾的是，以"保量放价"为主要形式的改革条件与时机并不成熟，该项政策无疾而终。最终，国家决定采取措施进行干预，国务院规定各地国有粮食企业必须限制销售价格，挂牌销售，价格由国家统一制定。粮价基本平抑之后，为防止农民收益大幅度下降，国家采取大幅度提高粮食定购价格的方式保障农民收入。同时，国家恢复了定购制度。与以往不同的是，国家还将粮食议购任务分派到各县级政府，并于当年制定了 900 亿斤的粮食定购计划，其中，国家定购量为 500 亿斤，地方县级政府议购量为 400 亿斤，定购计划以外的粮食随行就市进行销售。事实上，在此期间，粮食价格恢复到"双轨制"阶段。1995 年，国家规定各省（自治区、直辖市）的行政首长负责本地区粮食的供需平衡和粮价的相对稳定，即"米袋子"省长责任制。同年，国家取消了指令性收购的 400 亿斤议购粮食任务。1996 年，国家再次提高粮食定购价格。据统计，1996 年的粮食定购价格与 1994 年相比提高 42%。上述政策的出台充分调动了农民生产的积极性，1995 年全国粮食生产摆脱了 1990 年以来的低位徘徊局面，上涨至 46 661.8 万吨，与上年相比涨幅达 4.83%。1996 年粮食产量超过 50 000 万吨，创历史新高。

2.3 保护价收购阶段（1998—2003 年）

前已述及，在粮食定购价不断提高的情况下，农民种粮积极性得到极大刺激，粮食产量不断创下历史新高。由于粮食的过度供给，粮食市场逐渐出现供大于求的局面，粮食供给过剩。与此同时，在国家大幅度提高收购价格的情况下，国有粮食部门亏损严重，国家财政负担越来越沉重。因此，1998 年我国开始了新一轮改革。此次粮改的两大目标：一是保障农民收益，防止"谷贱伤农"挫伤农民种粮的积极性；二是缓解国家财政压力，防止因粮价下跌，库存的粮食大量亏损。1998 年 5 月 21 日至 25 日，朱镕基总理在安徽考察粮食工作时提出：进一步深化粮食流通体制改革（以下简称"粮改"）的重点是实行按照保护价敞开收购农民余粮、粮食收储企业实现顺价销售、农业发展银行收购资金封闭运行和国有粮食企业改革，即"三项政策、一项改革"。同年 6 月 3 日，国务院召开全国粮食购销工作电视电话会议，在该会议上进一步提出：坚持贯彻执行"三项政策、一项改革"是粮食流通体制改革的核心工作要义。

第一项政策是按照保护价敞开收购农民余粮政策。为获得全部粮源，国家公布的保护价显著高于市场价格。当时的政策设计主要基于两点考虑：一是在市场价格下跌时，保障农民收益，降低农民面临的市场风险。二是国家希望实现顺价销售，因而考虑将农民手中的所有余粮收上来。第二项政策是实施粮食顺价销售政策。顺价销售的含义是国家粮库、粮站等国家粮食收购企业按照大于等于保护价的价格出售粮食，杜绝以降价或者变相低价等方式将粮食出售给单位或个人。为推动粮食顺价销售政策的落实，国家规定可向农民收购粮食的主体只能是国家粮库、粮站等国家粮食收购企业，任何民营粮食收购企业或粮食经纪人无法收购农民的粮食（赵德余，2017）。第三项政策是实施粮食收购资金封闭运行政策，粮食收购资金由中国农业发展银行提供。由于缺乏管理，中国农业发展银行提供的贷款经常被其他部门挪用占用。为确保粮食收购资金及时到位，相关政策规定粮食收购资金必须封闭运行：销售粮食后的收购资金必须马上归还中国农业发展银行。与此同时，中国农业发展银行要对资金账户进行监督。一项改革是粮食流通体制改革，改革的思路是"四分开一完善"，具体是指粮食企业的政府粮食行政管理职能与粮食企业经营相分离、储备粮与企业经营周转粮分开管理、中央政府与地方政府的责任分开、新老粮食财务挂账分开，"一完善"指的是完善粮食价格形成机制。

此次粮改的基本设想是：按照较高的保护价收购农民余粮，垄断所有粮源，并以较高的市场价格售出，以此实现保障农民收益和减少国有粮食企业亏损的目的。然而，在实际运行中并非设想的那样顺利。第一，按照保护价敞开收购农民余粮的政策难以落实到位。在保护价远高于市场价格的情况下，国家敞开收购的粮食数量不断增多，而且不区分粮食等级的做法导致大量劣质粮和等外粮被企业收购入库。大量高价粮食进入国有粮食企业，财政补贴缺口越来越大，国家对粮食企业的超储补贴迟迟不到位，致使大量企业处于亏损状态。数据显示，1998 年 3 月国有粮食部门的粮食收购贷款额高达 5 421 亿元，库存价值仅为 3 290 亿元，亏损额达 2 140 亿元之多。部分企业为减少亏损、增加利润采取变相限价、拒收或压级压价等方式挤压农民，从而形成了"敞开不收购"的现象（赵德余，2017）。与此同时，巨大的收购总量给企业库存带来不少挑战。据统计，1999 年末全国粮食库存高达 5 000 亿斤，远超过政策库存。第二，国有粮食企业难以掌握所有粮源。虽然政策文件规定只有国有粮食收储企业才能到农村收购粮食，但是在现实中，政府无法禁止个体私营粮食企业入市收购。很多农民也会自留一部分粮食，自留粮的销售时间、销售地点比较分散，国有粮食企业难以掌握全部信息，进一步加剧了企业垄断粮源的难度。第三，顺价销售的难度巨大。实现顺价销售的前提是市场价格必须高于保护价和粮食的成本利息。但是，国家制定的粮食保护价格远高于市场销售价格，造成购销价格严重"倒挂"。若想提升粮食市场价格，国有粮食企业必须垄断收购并控制粮源。前已述及，国有粮食企业根本无法垄断粮源，为维持企业基本经营，国有粮食收购企业会先将低价收购的粮食"顺价销售"出去，而将陈粮、高价粮存入粮库。入库的粮食不仅占用收购资金，政府还需要支付给粮食企业保管费用及补贴，支付给农业发展银行利息。如若粮食存放时间过长，会使粮食发霉、变质，导致库存粮食贬值。上述现象对国家财政提出了不小的挑战。

综上所述，此次粮改是在各种条件尚不完全具备、相关配套措施十分不完善的情况下进行的（曹建军，1998），虽然设计缜密、计划周全，但是从实践来看，此次粮改中保护价收购和顺价销售的政策设计具有明显的计划经济体制特征，并未真正尊重市场经济，进一步加强了国家对市场的垄断。同时，由于保护价敞开收购乏力，农民种粮积极性有所挫伤，粮食产量下降明显。1999 年全国粮食产量为 50 838.6 万吨，较上年下降 0.76%，2000 年全国粮食产量为 46 217.5 万吨，较上年下降 9.09%。至 2003 年粮食产量仅为 43 069.5 万吨，较上年下降 5.77%，较 1998 年下降 15.93%，达到 1990 年以来的历史最低点。

2.4 价格支持阶段——玉米临时收储政策（2008—2015 年）

在粮食产量连年下降的背景下，为保障农民种粮积极性、稳定市场供给，2004 年起，国家先后对稻谷与小麦实施了价格支持政策——最低收购价政策。2008 年，国家决定对玉米作物实施临时收储政策，实施区域在黑龙江省、吉林省、辽宁省和内蒙古自治区的东四盟地区（以下简称东北地区）。这是国家出台的首个专门针对玉米作物的价格政策，在效果上与水稻、小麦的最低收购价政策类似。

2.4.1 政策背景

我国成功加入 WTO 后，国内外市场的联系越来越紧密，国内市场面临着国际市场的严峻挑战。2008 年，美国爆发金融危机并迅速席卷全球，致使国际粮食形势发生了重大变化，国际大宗商品价格出现大幅度下跌。根据《2016年中国农业发展报告》提供的数据，金融危机爆发前，2000 年国际 2 号黄玉米市场价格为 88.4 美元/吨，至 2008 年上涨至 223.1 美元/吨，与 2000 年相比涨幅达 152.38%。在国际金融危机的冲击之下，2009 年国际 2 号黄玉米市场价格下降至 165.6 美元/吨，较上年下降 25.8%。国内玉米市场价格也受到了较大冲击，玉米市场价格持续低迷。与此同时，国内玉米市场供求失衡进一步加剧玉米价格下行的压力。2000 年畜禽疫病频发，畜牧业发展十分缓慢，加之国家政策限制玉米深加工企业的发展，国内玉米需求量较少，相反，玉米供给量却呈现大幅度增加的态势。2004 年全国玉米产量为13 028.7 万吨，与上年相比增长幅度近 28%。随后玉米产量连续五年增产，至 2007 年高达 14 512.3 万吨，与上年相比增长 30.77%，明显高于当年市场需求量。玉米供给过剩导致玉米价格下行的压力持续累积。此外，1998年国家推行粮食流通体制改革后，全国粮食产量连年下降，至 2003 年粮食产量下滑至 43 069.5 万吨，已经低于 1990 年的粮食生产水平。从当时的情况来看，提高农民种粮积极性、扩大粮食作物尤其是主粮作物产量及播种面积、保障国家粮食安全显得尤为重要。为保障农民种粮积极性、促进粮食生产、稳定市场价格，自 2004 年开始国家对稻谷作物和小麦作物实施具有保护作用的最低收购价政策，而同样是三大主粮作物之一的玉米作物却迟迟未进入保护价之列。为获得与水稻、小麦同等的保护力度，玉米主产区政府积极争取将玉米纳入保护价之列，以调动农民种粮的积极性、保障国家的粮食安全。基于以上背景，为稳定玉米市场，保障农民收益，提高农民种粮积极性，2008 年国家在《国家发展和改革委关于对部分重要商品及服务实行临时价格干预措施的实施办法》中提出对玉米实施临时收储政策，该政策可看作最低收购价政策的延伸与拓展。

2.4.2 政策内容

国家出台玉米临时收储政策的目标是利用调节国家储备来平稳市场，保护农民玉米种植收益和生产积极性，进而稳定玉米生产（徐志刚等，2010）。政策思路是：新粮上市时，国家发展和改革委员会根据生产成本及玉米供求市场情况确定本年实行一次或者多次的临时收储价格和数量。当市场价格高于临时收储价格时，国家不启动临时收储政策，农民出售玉米价格为市场价格；当市场价格低于临时收储价格时，国家委托中储粮或符合收储条件的国有粮食企业等按照收储价格收储部分玉米。收购的玉米采用竞价销售及跨省移库的模式，并规定当市场价格回涨时，顺价销售收储的玉米，玉米收储成本由国家财政承担。

2008 年 10 月 20 日，国家下发了第一批玉米临时收储计划，计划收储 500 万吨玉米。由于 2008 年玉米产量高达 16 591.40 万吨，供给量远大于需求量，调节市场的效果不明显（姚志等，2016）。12 月 1 日国家下发了第二批收储计划，计划收储 500 万吨玉米；第三批玉米临时收储计划于 12 月 24 日下发，计划收储 2 000 万吨玉米。即便如此，玉米价格仍然低迷，2009 年 2 月下发了第四批收储计划，收储量为 1 000 万吨。至此国家先后下发 4 次临时收储计划，收储玉米 4 000 万吨，实际完成量 3 500～3 600 万吨，占东北地区玉米产量的 65% 左右（白岩，2009），2009 年度国家临时储存玉米的收购工作于 4 月末完成。为减少政策成本、提高效率并稳定农民预期，国家规定自 2009 年以后每年下半年公布临时收储价格，并决定取消收购数量的限制，进行敞开收购，这意味着，临时收储政策由初期的"临时收储"变为了"常态收储"。2010年，由于政策前两年（2008—2009年）玉米产量大幅增加，国储玉米收购量巨大，期末库存爆满，2010年，国家决定暂时取消玉米临时收储政策。时隔一年，2011年玉米临时收储政策重启。2008年国家确定的玉米临时收储价格分别为黑龙江省1.48元/千克，吉林省1.50元/千克，内蒙古自治区和辽宁省1.52元/千克。随后，国家逐年抬高玉米临时收储价格，至2013年达到历史最高值。其中，黑龙江省2.22元/千克，涨幅达50.00%；吉林省2.24元/千克，涨幅达49.33%；内蒙古自治区和辽宁省2.26元/千克，涨幅达48.68%。2014年，国家公布的临时收储价格与2013年持平。2015年，国家下调玉米临时收储价格，但是降幅并不明显，黑龙江省下降9.91%，吉林省下降10.71%，辽宁省和内蒙古自治区均下降11.50%，下调后四省（区）的玉米临时收储价格仍然高达2.00元/千克（表2-2）。

表2-2 2008—2015年东北地区玉米临时收储价格

单位：元/千克

年份	黑龙江省	吉林省	辽宁省	内蒙古自治区
2008	1.48	1.50	1.52	1.52
2009	1.48	1.50	1.52	1.52
2010	—	—	—	—
2011	1.96	1.98	2.00	2.00
2012	2.10	2.12	2.14	2.14
2013	2.22	2.24	2.26	2.26
2014	2.22	2.24	2.26	2.26
2015	2.00	2.00	2.00	2.00

注："—"表示当年并未启动玉米临时收储政策。

数据来源：国家发展和改革委员会。

2.4.3 政策效果

从政策实施效果看，玉米临时收储政策的实施效果立竿见影，我国玉米生产得到长足发展，农民种粮的积极性极其高涨，充分发挥了积极作用。如表2-3所示，玉米临时收储政策实施前，黑龙江省、吉林省、辽宁省、内

表 2-3　2004—2015 年东北四省区玉米产量及增幅

年份	黑龙江省 （万吨）	吉林省 （万吨）	辽宁省 （万吨）	内蒙古自治区 （万吨）	东北四省区 （万吨）	东北四省区增幅 （%）
2004	1 050.00	1 810.00	1 352.10	948.00	5 160.10	—
2005	1 379.50	1 815.00	1 340.30	1 066.20	5 601.00	8.54
2006	1 453.50	1 984.00	1 211.50	1 134.60	5 783.60	3.26
2007	1 590.13	1 779.98	1 192.70	1 175.19	5 738.00	−0.79
2008	1 915.51	2 129.39	1 240.27	1 442.25	6 727.42	17.24
2009	2 012.60	1 804.22	1 026.06	1 488.28	6 331.15	−5.89
2010	2 513.71	1 994.67	1 251.85	1 643.66	7 403.89	16.94
2011	2 927.62	2 392.76	1 511.71	1 858.46	8 690.55	17.38
2012	3 283.83	2 714.99	1 615.66	2 015.97	9 630.46	10.82
2013	3 734.84	2 980.93	1 812.07	2 397.63	10 925.47	13.45
2014	3 929.14	3 004.17	1 385.81	2 503.25	10 822.37	−0.94
2015	4 280.19	3 138.77	1 697.12	2 652.23	11 768.31	8.74

数据来源：2018 年《黑龙江统计年鉴》《吉林统计年鉴》《辽宁统计年鉴》《内蒙古统计年鉴》。

蒙古自治区[①]玉米总产量维持在 5 000 万吨左右。政策实施以后，玉米产量均呈现大幅度增长趋势。2010 年东北四省区[②]玉米产量分别为 2 513.71 万吨、1 994.67 万吨、1 251.85 万吨与 1 643.66 万吨，与上年相比涨幅分别为 24.90%、10.56%、18.04% 与 10.44%，当年东北四省区玉米总产量高达 7 403.89 万吨，较上年增长 1 072.74 万吨，增幅为 16.94%，对全国玉米增量的贡献率达 61.32%。2011 年东北四省区玉米总产量为 8 690.55 万吨，增幅为 17.38%。2012 年，东北四省区玉米产量增长至 9 630.46 万吨，增幅为 10.82%。2013 年东北四省区玉米总产量突破 10 000 万吨，增幅为 13.45%。2015 年东北四省区玉米总产量为 11 768.31 万吨，其中黑龙江省、吉林省、辽宁省、内蒙古自治区的玉米产量分别为 4 280.19 万吨、3 138.77

---

① 由于内蒙古自治区的东四盟（赤峰市、通辽市、呼伦贝尔市和兴安盟）玉米面积及产量占全区 80% 以上，因此用内蒙古自治区数据代替东四盟数据（下同）。

② 本书将黑龙江省、吉林省、辽宁省与内蒙古自治区统称为东北四省区（下同），与东北地区略有区别。

万吨、1 697.12 万吨与 2 652.23 万吨，分别是 2007 年（政策实施前）的 2.69 倍、1.76 倍、1.42 倍与 2.26 倍。

在高位运行的临时收储价格的推动之下，东北地区农民玉米种植收益大幅提高。以吉林省和黑龙江省为例，2004—2007 年吉林省、黑龙江省的玉米现金收益水平较低，维持在 200～320 元/亩，至 2008 年现金收益出现小幅度上涨，与 2007 年相比，吉林省玉米现金收益水平涨幅达 20.25％，黑龙江省涨幅达 31.55％。2010 年吉林省玉米现金收益突破 500 元/亩，与 2019 年相比涨幅达 81.13％，与 2004 年相比增长 109.72％；黑龙江省玉米现金收益为 472.77 元/亩，与上年相比涨幅为 30.49％，与 2004 年相比增长 132.21％。2011 年吉林省、黑龙江省玉米现金收益分别上涨至 693.51 元/亩与 570.82 元/亩。此后，两省玉米现金收益维持在超高的水平。2015 年随着玉米临时收储价格的下调，吉林省与黑龙江省玉米现金收益出现小幅度下降，但是仍高达 523.46 元/亩与 433.02 元/亩，与 2004 年相比，分别增长 102.27％与 112.68％（图 2-1）。可见，玉米临时收储政策在提高农民收益方面发挥着巨大作用。

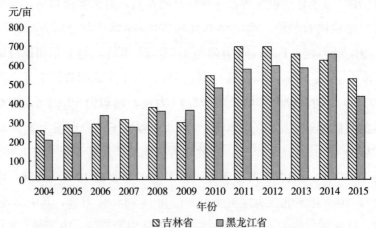

图 2-1　2004—2015 年吉林省与黑龙江省玉米现金收益

数据来源：《全国农产品成本收益资料汇编（2003—2016 年)》。

2008—2013 年，国家确定的玉米临时收储价格提价三次。逐年攀升的玉米临时收储价格虽然增加了农民收入，提高了玉米产量，但是由过度提价产生的弊端在实践中逐渐显现。2013 年 5 月开始，国内玉米价格逐渐高于国外玉米价格，在国内外价差的推动下，大量进口玉米涌入我国玉米市场，而国产玉米却积压于粮库之中，不仅增加了国家收储压力，也导致国家财政不堪重负。与此同时，玉米下游产业面临高昂的原料成本，一些加工企业选择倒闭，整个产业发展艰难。

2.5 市场化探索阶段——玉米"价补分离"政策
（2016 年至今）

2015 年，国家继续探索推进粮食市场化改革进程，调低了东北地区玉米临时收储价格。然而，玉米临时收储政策释放的巨大负面影响仍然难以消除，在玉米临时收储价格持续走高的政策设计之下，平稳玉米市场、保护玉米种植户的收益和生产积极性、稳定玉米供给的目标逐渐偏离，市场价格形成机制难以发挥作用，市场稳定目标难以实现，国家更多地转向补贴农民收入。因此，2016 年中央 1 号文件提出，全面落实玉米收储制度改革，取消了实施八年之久的玉米临时收储政策，在以"市场定价、价补分离"为核心要点的基础上，在东北地区实施玉米"价补分离"政策，旨在完善玉米价格形成机制的同时保障农民合理收益。本轮价格政策改革因势利导，从生产端和收购端出发，明确政策目标，针对不同的市场主体选择提供不同的政策措施供给。

回顾和总结新中国成立以来玉米收购价格政策的发展历程，可以得出以下三点启示：第一，政策改革必须坚持市场化。实践证明，政府对市场的强烈介入与干预是生产过剩、国产玉米竞争力丧失、下游产业陷入困境的根本症结（徐志刚等，2017）。尽管玉米收购价格政策历经多次改革，但是市场化改革的目标尚未破冰，仍需进一步深化改革。减少政府对市场供求关系的影响，理顺市场价格关系，充分发挥市场在资源配置方面的决定性作用，是玉米收购价格政策改革必须遵循的基本准则。第二，政策是因时而变、因事而变的。每一项农业政策都有一定的时效性，政府必须根据发展的新形势、新要求，有针对性地调整政策举措。倘若一项政策所释放的负面效应远大于正面效应，那么政府就要及时考虑该项政策是否有必要实行。在玉米临时收储政策实施初期，农民种粮积极性极其高涨，粮食增产、农民增收的效果显著。但后期在高位临时收储价格的推动下，玉米产业"三高一低"问题明显，以玉米为原料的下游产业发展艰难，国家应适时调整临时收储政策。第三，政策设计要从长远出发。粗放的政策设计不仅限制政策效果，同时也会引发意想不到的外溢性效应。

2.6 本章小结

在新中国成立70年的时间里，玉米收购价格政策初步完成了从计划经济时代向以市场经济为主体多种经济形式并存的时代转变。回顾和总结新中国成立以来玉米收购价格政策的发展历程，可以得出以下启示：第一，政策改革必须坚持市场化，减少政府对市场供求关系的影响，理顺市场价格关系，充分发挥市场在资源配置方面的决定性作用，是玉米收购价格政策改革必须遵循的基本准则。第二，政策是因时而变、因事而变的。每一项农业政策都有一定的时效性，政府必须根据发展的新形势、新要求，有针对性地调整政策举措，及时发现问题，适时调整。加强政策设计的科学性与合理性，注重政策操作细节，最大程度地发挥政策效果。

3 玉米收购价格政策改革：从临时收储政策到"价补分离"政策

2016 年，在遵循"市场化收购＋补贴"原则的基础上，国家取消了实施八年之久的玉米临时收储政策，实施了"形似"目标价格政策的"价补分离"政策，标志着我国玉米收购价格政策进入了全新阶段。首先，有必要厘清此轮玉米收购价格政策改革的原因，通过深入分析，明晰玉米"价补分离"政策实施的必要性。其次，依托国家公布的相关政策文件，根据玉米产业现状，着重梳理玉米"价补分离"政策的核心目标导向，同时，全方位剖析不同省（区）生产者补贴实施方案的异质性特征，梳理生产者补贴标准确定与发放的流程，以期为后续政策效果评估及运行机制探讨提供有力依据及基础性资料。

3.1 玉米收购价格政策改革的原因

根据前文的政策梳理，2008 年国家在东北地区实施了玉米临时收储政策，该政策在玉米增产、农民增收方面发挥了积极作用。然而，只升不降的临时收储价格、顺价销售的政策设计对市场价格形成机制造成较大影响，对玉米及相关产业带来一系列外溢性冲击。在此背景下，国家将临时收储政策调整为"价补分离"政策，从而拉开了玉米收购价格政策改革的大幕。

3.1.1 国内外玉米价格"倒挂"，玉米及替代品进口数量激增

自玉米临时收储政策实施以来，玉米临时收储价格逐年攀升，在此推动下，国内玉米价格一路走高。与此同时，受国际市场供求关系影响，国际玉

米价格一路下滑。在国内外市场的双重压力之下，2013 年 5 月首次出现国内外玉米价格"倒挂"的现象，且价差逐年拉大。根据布瑞克农业数据库和国家统计局提供的数据，2014 年 1 月，国内外玉米价差为 441.16 元/吨，至 2014 年 9 月，国内玉米价格为 2 589.33 元/吨，玉米进口完税价格为 1 683.23 元/吨，二者价差高达 874.17 元/吨，达到峰值。在国内玉米价格显著高于国际玉米价格的情况下，大量玉米涌入国内。实际上，政策实施以前，我国一直是玉米净出口国，例如 2005 年全国玉米出口高达 861.18 万吨，进口量仅为 0.39 万吨，净出口量高达 860.79 万吨。然而，政策实施后，全国每年出口玉米不到 30 万吨，八年（2008—2015 年）累计出口玉米 87.44 万吨，仅占 2005 年的 10.15%。与之相反，在此期间，玉米进口量大幅度增加，2010 年全国玉米进口量达到 157.2 万吨，同比增长 17.8 倍，净进口量 144.50 万吨，我国首次由玉米净出口国转变为净进口国。2012 年全国玉米进口量达到历史最高值（519.09 万吨），进口峰值集中在第三季度，进口量合计 188.51 万吨。2013 年以来，玉米进口量虽然有所回落，但是依然非常庞大，三年（2013—2015 年）累计进口玉米 1 059.27 万吨（图 3-1）。在国内玉米价格过高的冲击下，高粱、大麦、酒糟、DDGS 等玉米替代品进口量迅速增加。从海关统计数据来看，2014 年全国进口高粱 577.59 万吨，较上年提高了 435.80%。2015 年进口高粱 1 069.97 万吨，较上年提高了 85.25%。全

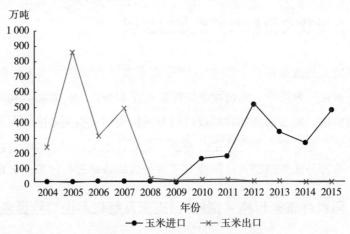

图 3-1 2004—2015 年我国玉米进出口量

数据来源：海关总署。

国 DDGS 的进口量也是非常巨大，2015 年进口量达 682.09 万吨，较上年提高了 25.9%。

3.1.2 以玉米为原料的下游企业陷入经营困境

玉米既是轻工业的重要加工原料，同时也是公认的饲料之王。在畜牧业饲料成本中，约有 60% 来自玉米。玉米临时收储政策实施以来，畜牧业在上游玉米价格偏高、下游玉米需求不足的情况下苦不堪言。《全国农产品成本收益资料汇编》数据显示，2013 年散养户饲养一头生猪将亏损 106.15元，2014 年亏损额达到 242.04 元。虽然生猪养殖的亏损可能会受生猪市场供求失衡的影响，但是原料成本过高是不容忽视的重要因素。张俊峰等（2019）通过实证分析发现，玉米临储政策导致东北地区生猪价格上涨 6.76%，政策贡献率高达 27.35%。玉米加工企业是除了饲料企业外玉米用量最大、最集中的使用主体。自实施玉米临时收储政策以来，高昂的原料成本使得以玉米为原料的下游企业持续低迷，加之淀粉、酒精等产品价格长期低位徘徊，玉米加工企业面临着前所未有的困境。黑龙江省 28 户规模以上的玉米加工企业全部亏损（顾莉丽等，2017），吉林省 22 户规模以上玉米加工企业在高成本的压力下基本处于亏损状态，其中已经有 1 户企业破产，10 户企业停产，开工率不足 10%（郭庆海，2015）。布瑞克农业数据库监测数据显示，2014 年吉林省玉米酒精企业平均每加工一吨玉米酒精将亏损 59.55 元，2015 年亏损最为严重，除去 10 月盈利外，其余月份均是亏损，平均每加工一吨玉米酒精亏损额达 557.61 元，其中 6 月亏损额达到最高峰，亏损 815.50元/吨。根据淀粉工业协会统计，2008 年起东北玉米淀粉加工行业产能下降了 300 万吨，其中黑龙江省下降 40 万吨，吉林省下降 100 万吨，辽宁省下降 80 万吨，内蒙古自治区下降 80 万吨。可见，逐年攀升的玉米临时收储价格给以玉米为原料的下游产业带来显著的成本放大效应，企业经营利润被严重挤压，开工率显著下降。

3.1.3 玉米"一粮独大"的种植业结构矛盾凸显

不同作物的比较收益是农户进行生产决策的主要影响因素。在东北地区，大豆与玉米一直具有强烈替代关系。在大豆生物学特性的制约之下，如何提高大豆单产成为大豆作物面临的难题，玉米依靠单产增长快速的优势在东北作物结构中占据了较强的优势。逐年提高的玉米临时收储价格进一步加剧了玉米与大豆之间的替代关系，玉米比较收益远高于大豆，很多农民纷纷将本该种植大豆的区域改种玉米，玉米播种面积大幅度上涨。如图3-2所示，2000年东北四省区玉米播种面积为634.26万公顷，占粮食总播种面积的比重为34.28%，大豆播种面积为450.28万公顷，占粮食总播种面积的比重为24.33%。随后，玉米与大豆播种面积均呈现小幅度上涨，至2007年分别上涨至1 105.62万公顷、526.05万公顷，分别占当年粮食总播种面积的46.41%和22.08%。政策实施后，东北四省区玉米播种面积直线上涨，至2015年达到历史最高值，高达1 847.30万公顷，较2000年增长191.25%，较2007年增长67.08%。东北四省区玉米播种面积占粮食总播种面积的比重也呈现上涨趋势，2011年突破50%大关，至2015年达61.57%。与之相反，2008年以后尤其是2010年，东北四省区大豆播种面积直线下滑，至2015年下降至历史最低值，仅为371.62万公顷，较2000年降幅达17.47%，较2007年降幅达29.36%，仅占当年粮食总播种面积的12.39%。由此可

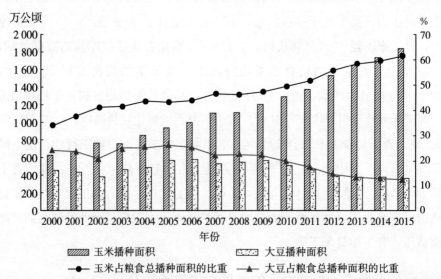

图3-2　2000—2015年东北四省区玉米、大豆播种面积及占粮食总播种面积比重

数据来源：2018年《黑龙江统计年鉴》《吉林统计年鉴》《辽宁统计年鉴》《内蒙古统计年鉴》。

见，玉米临时收储价格的持续增长过度刺激了玉米耕地资源配置（徐志刚等，2017），大量农民放弃大豆转种玉米，东北地区粮食种植结构内部形成玉米"一粮独大"的困局。

3.1.4 大量国产玉米积压粮库，国家财政负担沉重

玉米临时收储政策极大调动了农民种粮的积极性，玉米产量显著增长，巨大的玉米总量能够顺利进入玉米市场吗？按照玉米临时收储政策的文件要求，收购入库的玉米必须顺价销售。显然，在市场化经济体制下，玉米很难如预想一般实现顺价销售，无法售出的国产玉米只能积压粮库。根据国家粮油信息中心及布瑞克农业数据库提供的数据，2008—2012 年，全国的国储玉米累计收购量高达 8 983 万吨，而拍卖的国储玉米累计成交量仅为 3 144.93 万吨，这意味着 5 838.07 万吨国储玉米积压在粮库。2014 年全国玉米临时收储量达到 7 612 万吨，当年拍卖成交量为 2 979.43 万吨，假设成交的玉米全部为当年新粮，那么仍有 3 939.57 万吨玉米无法顺价销售，不得不送入粮库，2014 年全国玉米期末库存量为 17 431.9 万吨，库存消费比高达 98.1%。2015 年国储玉米收购量达到新高峰，为 12 543 万吨，较上年上涨 64.78%，当年拍卖玉米成交量仅为 507.50 万吨，期末库存量达 24 128.9 万吨，库存消费比为 129.6%（表 3-1）。

表 3-1　2008—2015 年中国玉米供需及库存表

年份	国储玉米收购量 （万吨）	国储玉米成交量 （万吨）	期末库存 （万吨）	库存消费比 （%）
2008	3 566	—	4 526.0	28.4
2009	134	1 481.67	3 632.6	20.9
2010	1 100	1 649.76	3 472.6	19.3
2011	1 100	13.50	5 284.9	29.4
2012	3 083	—	7 439.2	38.1
2013	6 919	—	11 899.5	63.4
2014	7 612	2 979.43	17 431.9	98.1
2015	12 543	507.50	24 128.9	129.6

数据来源：国家粮油信息中心及布瑞克农业数据库。

玉米临时收储政策的操作是当玉米市场供给吃紧、价格上涨时，顺价销售收储的玉米，国家财政不会受到影响，还可以起到"蓄水池"的作用。但是，由于玉米临时收储的价格过高，难以实现顺价销售，引发的后果是大量国产玉米进入粮库，这对国家财政而言是一个巨大负担。对于玉米的临时性收储，国家财政主要承担两项费用：一是临时性收购玉米的支出，此项支出为国家财政的主要支出。2012 年国储玉米收购量为 3 083 万吨，按当年国家公布的平均玉米临时收储价格①计算，收购玉米所需的财政支出为 655.14 亿元。2013 年收购的国储玉米量达 6 919 万吨，收购玉米所需的财政支出达 1 553.32 亿元。2014 年国储玉米收购量为 7 612 万吨，收购玉米的所需的国家财政支出为 1 708.89 亿元。2015 年国储玉米量高达 12 543 万吨，当年收购玉米的国家财政支出为 2 508.80 亿元。基于上述计算，2012—2015 年国家财政用于临时收购玉米的支出高达 6 426.15 亿元。二是保管费用。根据政策文件规定，中央财政每年需要支出临时收储玉米的保管费用为 0.035 元/斤②。单以 2015 年计算，当年收购的国储玉米量为 12 543 万吨，按照 0.035 元/斤的保管费用计算，当年国家财政需负担的保管费用为 87.801 亿元。

3.1.5 农村地租成本刚性上涨明显

地租是一个古老的概念，在不同时代反映不同的生产关系，进而产生不同的土地收益分配关系。经典作家们对地租的性质进行过明确的论述，亚当·斯密指出，地租是使用土地所支付的代价。大卫·李嘉图认为，地租是为使用土地的原有和不可摧毁的生产力而付给地主的那一部分土地产品。马克思则认为，地租是土地使用者由于使用土地而缴给土地所有者的超过平均利润以上的那部分剩余价值，土地所有权与土地使用权的分离是地租产生的前提。由经典作家论述可知，农村地租是农业生产成本中的重要组成部分，其起降

---

① 由于国家公布的黑龙江省、吉林省、辽宁省、内蒙古自治区玉米临时收储价格不一样，因而此处采用四省（区）当年玉米临时收储价格的平均值。2012—2015 年平均玉米临时收储价格分别为 2.125 元/千克、2.245 元/千克、2.245 元/千克及 2.00 元/千克。

② 《财政部关于批复最低收购价等中央政策性粮食库存保管费用补贴拨付方案的通知》（财建〔2011〕996 号）。

腾落，是影响我国土地流转和农业竞争力的重要变量。在我国农村土地所有权、承包权和经营权三权分置的制度框架下，农村地租是指农户凭借法律赋予的土地承包权将自己承包土地的经营权依法流转出去所获得的收益。从另一角度看，它是租地经营者因获取土地经营权而支付的代价，或对承包者让渡土地经营所做出的补偿。农村地租是影响土地流转及农村经济发展的一个重要变量。地租的存在及其变动，正在成为农村经济发展中的重要变量，对地租问题予以关注、研究和管理是农业现代化发展的客观要求（宫斌斌等，2019）。

关于农产品价格与地租的关系，经典著作中已经有充分的论述，亚当·斯密在《国富论》中指出，地租的高低是价格高低的结果，大卫·李嘉图指出，谷物价格高不是因为支付了地租，相反支付地租是因为谷物价格高。2008年，国家在东北地区实施了玉米临时收储政策，自玉米临时收储政策出台后，逐年攀升的临时收储价格进一步抬高了农地"含金量"，土地转入量不断增加，地租刚性上涨明显，并逐渐成为转入农户生产成本中的大额支出，远高于单位耕地面积物质成本。根据《全国农产品成本收益资料汇编》提供的数据，2008年黑龙江省、吉林省、辽宁省、内蒙古自治区玉米作物地租①分别为78.39元/亩、109.91元/亩、85.48元/亩、86.74元/亩，到2015年分别上涨至342.13元/亩、385.22元/亩、345.87元/亩、232.22元/亩，与2008年相比，分别上涨336.45%、250.49%、304.62%和167.72%。实地调研数据更能体现出现阶段东北地区农村地租的异常上涨。根据调研数据粗略统计，2014年吉林省农安县、德惠市玉米作物地租均高达9 000元/公顷，占当年生产成本（生产成本包括物质与服务费用、雇工费用和地租）的比重分别为62.28%与64.06%，远超过其他物质服务成本。在调研中了解到，个别村镇玉米作物地租甚至超过10 000元/公顷。黑龙江省龙江县和海伦市的玉米地租分别是8 800元/公顷、8 500元/公顷，占生产成本比重同样超过50%。2015年吉林省与黑龙江省4县市玉米作物地租虽有下降，

---

① 为剔除通货膨胀的影响，以1978年居民消费价格指数为基期将东北四省区玉米作物地租数据进行处理。

但是下降幅度非常小。其中，吉林省农安县地租水平最高，为 8 500 元/公顷，占当年生产成本比重达 60.93％。黑龙江省海伦市地租水平最低，为 7 900 元/公顷，占生产成本比重为 55.63％（表 3 - 2）。

表 3 - 2　2014—2015 年吉林省与黑龙江省 4 县市玉米作物地租

年份	指标名称	调查样本区域			
		吉林省农安县	吉林省德惠市	黑龙江省龙江县	黑龙江省海伦市
2014	地租（元/公顷）	9 000	9 000	8 800	8 500
	占生产成本比重（％）	62.28	64.06	58.34	52.11
2015	地租（元/公顷）	8 500	8 000	8 300	7 900
	占生产成本比重（％）	60.93	60.38	57.28	55.63

数据来源：根据实地调研整理所得。

合理的地租水平是土地转出的内在动因，但是地租毕竟是土地使用的价格，将发挥双刃剑的作用。较高的地租在刺激转出的同时，也将抑制转入，它会"吃掉"土地经营者收入的大半（顾莉丽等，2017；姜天龙等，2017）。在玉米临时收储价格的推动下，东北地区农村地租居高不下，甚至刚性增加的地租将会对农业生产乃至农村经济发展产生不可低估的负面影响。

3.2 玉米"价补分离"政策的实施过程

根据制度变迁理论，维持一种无效率的制度安排就是政策失败（林毅夫，1991）。随着经济的发展，当现存的制度出现低效率或者缺乏效率，制度变迁就成为可能（邓大才，2002）。从玉米收购价格政策的演变看，玉米临时收储政策在东北地区实施八年来，国内玉米价格远远高于国外玉米价格，大量进口玉米流入国内，国产玉米不得不流入粮库，国家财政面临前所未有的压力；同时以玉米为原料的下游产业成本骤增，东北地区玉米"一粮独大"的种植结构凸显，农村地租刚性上涨明显。客观上讲，在玉米临时收储价格的推动下，玉米临时收储政策已经造成了"保一伤二"的严重后果（郭庆海，2015）。在国内外严峻的形势之下，2016 年中央 1 号文件明确提出：在遵循"市场定价、价补分离"的原则的前提下，积极稳妥推进玉米收购价格政策改革，在使玉米价格反映市场供求关系的同时，建立玉米生产者补贴制度。2016年3月5日，《国务院政府工作报告》中再次提出，全面落实玉米收储制度改革，要完善农产品价格形成机制，保障农民合理收益，实施"价补分离"政策。同年6月20日，财政部向社会公布《财政部关于建立玉米生产者补贴制度的实施意见》，7月至9月，东北各省区陆续下发建立玉米生产者补贴制度实施方案的通知。至此，以"价补分离"政策为核心举措的玉米收购价格政策改革正式拉开大幕（图3-3）。

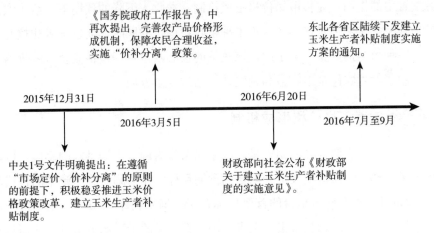

图3-3 玉米"价补分离"政策出台的时间轴

3.3 玉米"价补分离"政策目标梳理

农业政策目标是指农业政策所要实现的一种期望状态或者理想结果，是政策执行预期可以达到的目的、要求和结果。在制定政策目标时，相关部门不仅需要考虑拟解决的问题，同时需要深入剖析问题的性质。不同时期问题的性质或相对重要性不同，政策目标优先顺序也不一样。随着时间的推移、宏观经济环境的改变以及粮食部门自身的改革与发展，我国政府主流观念发生变化，粮食政策目标的组合也在变化（长谷川启之等，1995；赵德余，2017）。一般而言，农业政策目标是明确且具体的，但是从目前来看，玉米"价补分离"政策的目标并未公开。政策目标是政策评估的基础，本书根据政府出台的相关政策文件，试图剥离并构建"价补分离"政策的目标体系，为后续政策评估提供科学合理的基准。

此轮玉米收购价格政策改革的核心要点在于"价""补"二字。"价"体现在：国家不再公布玉米临时收储价格，玉米价格由市场供求关系决定，各市场主体随行就市收购玉米。"补"体现在：对于农民因玉米价格回归市场造成的收益受损由国家财政进行补偿。"价补分离"政策的目标不是盲目增加玉米产量，也不是一味扩大农民收入，而是减少政府干预，发挥市场在资源配置中的作用，完善市场价格形成机制，在收入下降的预期下，给予农民专项补贴，保障玉米核心产区玉米种植收益稳定的同时，促进玉米非核心产区农民种植结构调整。鉴于此，该政策的核心政策目标包括完善玉米价格形成机制、保障农民基本收益和调整种植结构三个方面。

3.3.1 完善玉米价格形成机制

玉米临时收储政策的初衷是以国家储备作为调节市场供求的手段，以防止市场波动，然而这项政策并未达到预期目标。作为临时收储政策的替代政策，"价补分离"政策出台的首要目标在于政府不再干预市场，玉米价格回归市场，生产者随行就市出售玉米，用"看不见的手"调节市场，让市场充分发挥资源配置的决定性作用，使玉米价格真实反映市场供求关系。

3.3.2 保障农民基本收益

在粮食生产中，农民对粮食价格的反应非常敏感。当粮食价格高位运行时，农民粮食生产的积极性高涨，一旦粮食价格回落，农民就会减少种植面积。新中国成立以来，粮食收购价格政策主要经历了由最初政府主导的统购统销政策调控方式到逐步转向市场化的演变过程。改革几经周转，由于政府过渡干预导致粮食价格大幅下降，损害农民生产积极性进而威胁国家粮食安全的情况时有发生。玉米"价补分离"政策的实施必然导致玉米市场价格下跌，农民收入下降无法避免。为弱化价格变化对生产者生产决策行为的刺激作用，防止因价格下降导致农民收益受损严重，国家决定采取给予生产者专项补贴的方式保障农民获得种粮的基本收益。玉米"价补分离"政策按照粮食产能因素分配生产者补贴资金，保证补贴资金向高产的优势产区倾斜。同时，国家也鼓励并支持地方政府将补贴资金集中于玉米核心产区。

3.3.3 调整种植结构

在玉米临时收储政策的推动下，玉米出现阶段性供过于求，东北地区玉米"一粮独大"的种植业结构矛盾凸显。2015年12月26日全国种植业结构调整工作会上指出，调整优化种植结构，重点调减东北冷凉区、北方农牧交错区等"镰刀弯"地区（即玉米非核心产区）的玉米面积。2016—2017年中央1号文件进一步提出，适当调减非优势区玉米面积，统筹优化种植结构。玉米种植结构调整既是农业供给侧结构性改革的重要突破口（舒坤良等，2017），同时也是提升农业发展质量和效益的现实选择（刘慧等，2018）。为此，国家取消玉米临时收储政策，将其改为玉米"价补分离"政策。作为理性"经济人"，在玉米生产收益下降的情况下，玉米非核心产区的农民为追求利润最大化，适当调减玉米播种面积，改种其他作物，最终实现调整优化种植结构的目标。鉴于此，玉米"价补分离"政策的目标是引导农民合理安排生产，促进非核心产区玉米面积调减，实现粮食内部种植结构的优化，切实推进玉米的供给侧结构性改革。

3.4 试点地区政策实施细则对比

根据政策文件规定，玉米"价补分离"政策的实施遵循四大基本原则：一是市场定价、价补分离；二是定额补贴、调整结构；三是中央支持、省级负责；四是公开透明、加强监督。玉米生产者补贴是玉米"价补分离"政策的主要内容。鉴于此，本节通过梳理各省（区）政策文件，对政策实施区域颁布的玉米生产者补贴实施方案进行详细对比，厘清生产者补贴的确定与发放流程。

3.4.1 中央财政对各省（区）补贴总额的拨付

玉米生产者补贴资金由中央财政统一拨付到省（区），由地方政府统筹补贴资金兑付给玉米生产者。中央财政在确定各省（区）亩均补贴水平时，兼顾的核心因素包括市场供求关系、农民玉米生产基本收益、国家财政负担、玉米产业链的发展等。亩均补贴额度需要每年报送国务院审定，中央财政对东北地区补贴水平保持一致。中央财政核定各省（区）补贴额度＝当年亩均补贴水平×基期各省（区）玉米播种面积，基期为 2014 年，并保证三年不变（2016—2018 年）。以 2016 年为例，根据政策文件规定，亩均补贴水平由 2016 年玉米价格下降程度（与 2015 年相比，下降 0.2 元/斤）与 2014 年全国平均玉米单产水平（850 斤/亩）相乘所得。通过计算可得，2016 年中央财政的补贴水平是 170 元/亩。之后，按亩均补贴水平与 2014 年各省（区）的玉米播种面积确定各省（区）补贴额度。2016 年，中央财政向东北地区共下发 390.386 0 亿元的生产者补贴，分两次拨付补贴，第一批共下发玉米生产者补贴资金 300.386 0 亿元，号称史上最高单项补贴，第二批玉米生产者补贴资金 90 亿元，内蒙古自治区、辽宁省、吉林省、黑龙江省分别获得 86.703 5 亿元、59.910 8 亿元、95.051 7 亿元、148.720 0 亿元的补贴总额。

为推动农业供给侧结构性改革，加快东北地区种植结构调整进程，国家决定在中央财政下发至各省区的补贴资金中预留一部分补贴资金用于种植结构的调整。黑龙江省从中央下发的补贴资金中预留 10% 作为结构调整金，吉林省决定各市对县生产者补贴允许调剂不超过 10% 的补贴资金用于支持和鼓励进行结构调整的农民。辽宁省从中央下发的补贴资金中预留 5% 的资金作为结构调整金，市对县玉米生产者补贴允许调剂 5% 的补贴资金用于种植结构调整。内蒙古自治区则将中央财政下发的生产者补贴资金全部下发至各市县。

3.4.2 各省（区）生产者补贴标准的确定

在剔除种植结构调整金后，各省（区）按照当地种植面积与玉米产量情况核定各市的补贴额度。黑龙江省采取的是全省统一的生产者补贴标准，各市县补贴标准一致。其具体测算公式是：亩均补贴标准＝中央下发至全省补贴总额÷全省玉米合法实际种植面积。其中，全省玉米合法实际种植面积由省统计局、农业农村厅核实。吉林省根据省级补贴资金总量，以 2014 年为基期，按照各市玉米产量和播种面积各占 50％的权重来核定各市的补贴额度。建议各市对县的补贴资金总量参照省对市的下拨办法核定所属县（区）补贴标准。为了鼓励补贴资金向优势产区倾斜，允许县与县之间存在差异。辽宁省以 2014 年为基期，根据 2014 年各市玉米播种面积的 60％和前三年（2012—2014 年）玉米平均产量的 40％测算各市的补贴额度，2016—2018 年保持不变。建议各市对县（区）补贴资金总量，参照省对市的下拨办法核定所属县（区）补贴额度，也可结合各地实际情况另行确定。为了鼓励补贴资金向优势产区倾斜，允许县与县之间存在差异。内蒙古自治区对市（盟）的补贴额度按照各市（盟）玉米产量和播种面积各占 50％的权重来核定各市的补贴额度。其中，玉米播种面积和产量基本定为国家统计局 2014 年认定的数据，三年保持不变。建议各市（盟）对旗（县、区）补贴资金总量，参照区对市（盟）的下拨办法核定所属旗（县、区）补贴额度，也可结合各地实际情况另行确定。各旗（县、区）可以适当调整补贴标准，保障优势产区玉米种植收益基本稳定。

　　整理 2016—2018 年玉米生产者补贴的实际发放情况，在玉米"价补分离"政策实施前两年，生产者补贴标准波动幅度较小，而 2018 年生产者补贴额度大幅度下降，主要原因是 2018 年中美之间大豆贸易出现波折，为振兴国产大豆供给，鼓励农民进行大豆种植，国家决定适当调整生产者补贴金额向大豆作物倾斜。通过实地调查了解到，吉林省公主岭市 2016 年生产者补贴标准为 3 090 元/公顷，2017 年为 2 700 元/公顷，2018 年降至 1 900 元/公顷，较上年下降 37.29％；长岭县 2016 年生产者补贴标准为 2 150 元/公顷，2017 年为 2 130 元/公顷，2018 年降至 1 200 元/公顷，降幅达 43.66％。黑龙江省 2016 年公布的全省统一补贴标准为 153.92 元/亩，即 2 308.80 元/公顷；2017 年公布的玉米生产者补贴标准为 133.46 元/亩，即 2 001.90 元/公顷；2018 年公布的玉米生产者补贴标准为 25 元/亩，即 375 元/公顷，较上年下降 81.27％。

3.4.3　生产者补贴的发放

　　根据政策文件可知，玉米"价补分离"政策的补贴对象是该省（区）合法耕地上实际种植玉米的生产者（包括农民及新型农业经营主体）。通过转包、转让、租赁、土地入股、托管等形式流转土地的，流转双方按照签订的合同执行，同时政府要积极引导土地承包者减少地租，做到切实保障实际玉米种植者的利益。补贴范围是该省范围内合法耕地上的玉米种植面积。其中，已退耕的土地上的面积、尚未经过相关部门批准擅自开垦或国家明确禁止开垦的土地面积以及未耕种玉米作物的面积不在补贴范围内。生产者补贴的发放依据是生产者当年在合法耕地上实际播种玉米的面积，发放方式是依托粮食补贴"一卡通（折）"平台，按照各地生产者补贴标准及农民符合要求的玉米播种面积核定的生产者补贴总额及时足额下发到农民的"一卡通（折）"中，禁止以现金的方式下发补贴。

基于上述分析，各省（区）确定生产者补贴的流程略有不同：黑龙江省根据中央下发至全省补贴总额与全省玉米合法实际种植面积确定全省统一的生产者补贴标准，吉林省、辽宁省、内蒙古自治区则根据中央下发至各市（盟）的补贴总额与玉米面积、玉米产量等粮食产能指标确定各县（区、旗）的补贴总额，各县（区、旗）根据玉米播种面积和玉米平均产量确定本旗（县、市、区）下发给农民的玉米生产者补贴标准。可见，无论是黑龙江省还是其他三省区，生产者补贴标准都是按照粮食产能因素确定的。在生产者补贴发放方面，东北地区均按照各地生产者补贴标准及农民符合要求的玉米播种面积核定生产者补贴总额，及时并足额下发到农民的"一卡通（折）"中（图 3-4）。

3.5 本章小结

本章首先梳理了此轮玉米收购价格政策改革的必要性与迫切性，研究发现，国内外玉米价格"倒挂"，玉米及替代品进口数量激增；以玉米为原料的下游企业陷入经营困境；玉米"一粮独大"种植业结构矛盾凸显；大量国产玉米积压粮库，国家财政负担沉重；农村地租成本刚性上涨明显是启动此轮玉米收购价格政策改变的主要原因。

作为临时收储政策的接替政策，玉米"价补分离"政策的主要内容是玉

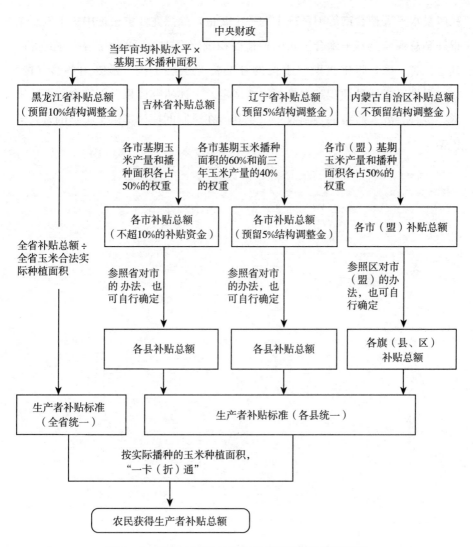

图 3-4 试点地区生产者补贴确定及发放的流程图

米价格由市场形成，国家财政向农民发放玉米专项补贴。该政策的核心目标可归纳为三点：一是完善玉米价格形成机制，摒弃临时收储政策时期对市场价格的过度干预；二是保障农民基本收益，国家通过对玉米生产者给予一定额度的补贴的方式，保障农民基本收益不受损失；三是调整种植结构，合理引导农民生产决策，促进玉米非核心产区玉米面积调减。对比分析政策实施区域生产者补贴实施方案后发现，生产者补贴标准是根据各地玉米播种面积和产量水平等粮食产能因素确定的一个变量，除黑龙江省根据中央下发至全省补贴总额与全省玉米合法实际种植面积确定全省统一的生产者补贴标准，其他三省（区）将中央财政下拨的补贴资金层层下拨，最终由各县（区、旗）根据玉米播种面积和产量等因素确定。上述研究成果为下文全面评估玉米"价补分离"政策的实施效果以及其内在机制的探讨提供了丰富的资料与依据。

4 玉米"价补分离"政策实施效果评估（2016—2019年）

政策评估是政策分析中必不可少的重要一环，也是政策分析中的最后一个阶段（安德森，1990）。通过科学的政策评估，判断一项政策是否取得预期效果，从而决定该政策应该继续、调整还是终结，并通过政策评估总结政策执行的经验教训，为今后政策改革提供有益的实践经验与借鉴参考（陈振明，2004）。因此，政策效果评估是学者和政府管理部门关注的重点和热点问题（辛翔飞等，2016）。

基于政策评估理论，本章构建了玉米"价补分离"政策的评估体系，从公平性、效益性和回应性三个维度评估玉米"价补分离"政策在2016—2019年的实施效果。①公平性标准。在市场经济条件下，玉米价格回归市场势必导致资源的重新配置和原有利益格局的变化，从而导致包括政府支出在内的社会福利水平的变化。鉴于此，本章第一部分利用福利经济学相关理论，厘清玉米临时收储政策向"价补分离"政策的转变引发的生产者福利、消费者福利、政府支出的变动情况，考察现行玉米收购价格政策改革能否实现卡尔多改进。②效益性标准。本章第二部分遵循"政策目标—政策效果"的逻辑主线，以微观实地调查数据、宏观统计数据以及典型样本调查为事实依据，对该项政策是否实现政策目标及在多大程度上实现政策目标进行评估，即"价补分离"政策的目标契合度评估。③回应性标准。在评估政策实施效果时，不仅要考虑政策实施前后社会总福利水平的变动及政策目标与政策效果的契合度，也要从政策参与者的角度探究参与者的自身体验与个体认知情况，即农民对政策的回应性评估（Easterlin，2001；张川川等，2015；张雷等，2017；耿仲钟，2018）。本章第三部分立足微观实地调研数据，厘清农民对"价补分离"政策的响应程度，明确农民对该政策的认知程度及满意程度，以此判断该政策是否满足农民的需要与偏好。

4.1 玉米"价补分离"政策的公平性评估

公平是衡量政策实施效果的重要标准之一。本节从福利经济学的视角，探究玉米收购价格政策改革带来的各利益主体的福利和社会总福利的变化，以卡尔多改进准则为说明性指标，从效率的视角明晰此轮玉米收购价格政策改革是否实现了社会公平。

4.1.1 玉米临时收储政策的福利效应

2008 年，国家决定在东北地区实施玉米临时收储政策。玉米是供给弹性大于需求弹性的农产品，因此供给曲线（用 S 表示）较为平缓，需求曲线（用 D 表示）较为陡峭。假定玉米市场是完全竞争市场，供求曲线均为线性，在没有政府干预的情况下，市场均衡价格和数量是 P_0 和 Q_0。为保护农民获得合理收益，2008—2015 年，国家三次提高玉米临时收储价格，并从 2009 年开始取消了对收储数量的限制，敞开收购农民手中的余粮。假定国家公布的玉米临时收储价格为 P_s，即秋粮收获之后，国家将以 P_s 敞开收购玉米。实施玉米临时收储政策后，价格由 P_0 上升至 P_s，价格上涨导致玉米供给量由原来的 Q_0 上涨至 Q_s，需求量由 Q_0 下降至 Q_1 水平。玉米市场出现结构性供给过剩，剩余数量为 Q_s-Q_1。玉米市场各主体福利变动情况如图 4-1 所示。

第一，玉米生产者的福利变化。在实施玉米临时收储政策以前，生产者剩余为图 4-1 中 $C+F$ 的面积。在政策实施后，相较市场均衡价格时期，由于价格提高至 P_s，生产者剩余变为图中 $B+D+E+C+F$ 的面积。那么，生产者的福利变化量 $\Delta PS=B+D+E$，这意味着，该政策提高了玉米生产者的福利水平。第二，玉米消费者的福利变化。在实施玉米临时收储政策以前，消费者剩余为图中 $A+B+D$ 的面积。在政策实施后，由于价格提高到临时收储价格 P_s，消费者剩余变为图中 A 的面积。那么，消费者的福利变化量 $\Delta CS=-(B+D)$，这意味着，玉米临时收储政策的实施降低了玉米消

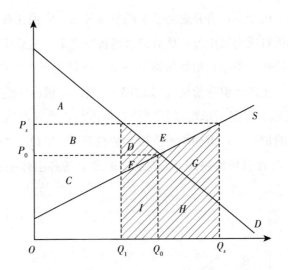

图 4-1 玉米临时收储政策对社会福利的影响

费者的福利水平。第三，政府支出变化。根据政策文件规定，国家委托中国储备粮管理总公司按临时收储价格敞开收购玉米，收购数量为 $Q_s - Q_1$。这部分支出主要来自消费者转移支付。那么，国家收储的支出 $= P_s \times (Q_s - Q_1) = D + E + G + I + H + F$，$\Delta G = -(D + E + G + I + H + F)$。即政策实施后，政府支出为 $D + E + G + I + H + F$ 的面积。这意味着，从消费者的角度看，政府通过税收手段将社会福利从全社会消费者手中转移到玉米生产者手中。第四，社会福利的总变化。社会福利水平的变化取决于生产者剩余、消费者剩余与政府支出 $\Delta K = \Delta PS + \Delta CS + \Delta G = B + D + E - (B + D) - (D + E + G + I + H + F) = -(D + G + I + H + F)$。即玉米临时收储政策的实施造成了社会总福利损失，损失量为 $D + G + I + H + F$ 的面积（图 4-1 中阴影部分的面积）。

由此可见，在开放条件下实施玉米临时收储政策会增加生产者福利，减少消费者福利，增加政府财政负担，导致社会总福利水平下降。

4.1.2 玉米"价补分离"政策的福利效应

相较临时收储政策，在玉米"价补分离"政策的框架下，玉米定价权回归市场，生产者随行就市出售玉米，同时，国家财政按照一定标准向农民发放生产者补贴。由于生产者补贴是玉米的专项补贴，农民在获得生产者补贴之后，会将其折算成价格附着在原有的市场价格之上。这意味着在供给市场上农民面临的价格不单单是市场价格，而是"市场价格＋生产者补贴"，本书将其命名为"生产者引导价格"。如图 4-2 所示，供给曲线用 S 表示，需求曲线用 D 表示。假定玉米市场是完全竞争市场，供求曲线均为线性，在没有政府干预的情况下，市场均衡价格和数量是 P_0 和 Q_0。"价补分离"政策下形成的生产者引导价格用 P_p 表示。玉米市场各主体福利变动情况如图 4-2 所示。

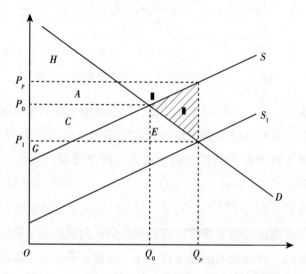

图 4-2 玉米"价补分离"政策对社会福利的影响

第一，玉米生产者的福利变化。在实施玉米"价补分离"以前，市场出清时的生产者剩余为图 4-2 中 $C+G$ 的面积。在政策实施后，引导农户生产的价格由原来的 P_0 上升至 P_p，生产者剩余变为图中 $A+B+C+G$ 的面积。那么，生产者的福利变化量 $\Delta PS=A+B$，这意味着，玉米"价补分离"政策的实施提高了玉米生产者的福利水平。第二，玉米消费者的福利变化。在政策实施以前，市场出清时的消费者剩余为图中 $A+H$ 的面积。在政策实施后，供给增加导致市场价格由原来的 P_0 下降至 P_1，消费者剩余变为图中 $A+C+E+H$ 的面积。那么，消费者的福利变化量 $\Delta CS=C+E$，这意味着，玉米"价补分离"政策的实施提高了玉米消费者的福利水平。第三，政府支出的变化。"价补分离"政策主要是政府通过财政转移支付给予玉米种植户一定补贴。财政支出为 $Q_p \times (P_p - P_1) = A + B + C + E + F$，$\Delta G = -(A + B + C + E + F)$。即政策实施后，政府支出为 $A + B + C + E + F$ 的面积。第四，社会福利的总变化。社会福利水平的变化取决于生产者剩余、消费者剩余与政府支出 $\Delta K = \Delta PS + \Delta CS + \Delta G = A + B + C + E - (A + B + C + E + F) = -F$，且大小为 F 的面积（图中阴影部分的面积）。社会总福利虽然有所下降，但是小于临时收储政策执行所引起的社会总福利水平的下降（表 4-1）。

表 4-1　玉米临时收储政策与"价补分离"政策福利水平变化对比

指标	玉米临时收储政策	玉米"价补分离"政策
生产者福利	增加	增加
消费者福利	减少	增加
政府支出	增加	增加
社会总福利	减少	减少，但小于临时收储政策引起的社会总福利减少

　　根据上述分析可知，无论是玉米临时收储政策还是"价补分离"政策，均提高了生产者的福利水平。从消费者角度看，由于临时收储价格高于市场均衡价格，需求量下降，消费者福利受损；实施"价补分离"政策后，由于供给增加，市场价格下降，消费者福利水平大幅度提高，而且转负为正。从政府支出角度看，两个政策最主要的福利损失都是由政府财政支出造成的，而政府财政支出的大小受供给曲线和需求曲线的斜率共同决定。根据福利经济学下的卡尔多标准，如果既定的资源配置状态的改变使得一人的状况变好，同时他能够弥补另一个人的损失而且存有剩余，则认为这种资源配置是"好"的。通过上述分析与讨论，总的来看，由临时收储政策调整为"价补分离"政策后，虽然玉米临时收储政策和"价补分离"政策都引起了社会总福利的受损，但是后者的受损程度明显较小。由此可见，此轮玉米收购价格政策改革提高了整体经济效率，体现了政策的公平性。

4.2 玉米"价补分离"政策的效益性评估

　　澄清政策目标是进行政策效益评估的基础。根据第三章对玉米"价补分离"政策的剖析与梳理，该政策的核心目标包括三点：一是完善玉米价格形成机制，二是保障农民基本收益，三是调整种植结构。良好的效益必须密切反映政策目标，鉴于此，本节利用宏观统计数据、微观实地调查数据和典型样本调查数据，以"政策目标—政策效果"为逻辑框架，评估玉米"价补分离"政策实施后各政策目标的实现程度。

4.2.1 基于完善市场价格形成机制目标的评估

现行玉米收购价格政策改革所要达到的第一个核心目标是完善市场价格形成机制，充分发挥市场配置资源的作用，即政府不再进行直接的市场价格干预，玉米价格完全由市场供求关系决定。价格形成机制是否完善的评估指标体系尚未成熟，梳理相关文献发现，玉米"价补分离"政策实施前后国内外玉米价差、玉米进出口量、下游企业经营状况等指标的变化是评判价格形成机制是否完善最为常见的指标（刘慧等，2018；张崇尚等，2017；郑适等，2017；丁声俊，2017）。鉴于此，本节选择从以下三个方面考察该政策目标的达成程度。第一，在改革进程中，国内外玉米价差是否缩小。第二，玉米及替代品进口量过大的问题是否解决。第三，以玉米为原料的深加工产业的经营状况是否有所好转，畜牧业养殖成本是否下降。

4.2.1.1 国内外玉米价差逐渐缩小

在玉米临时收储政策时期，居高不下的临时收储价格显著推动玉米市场价格高位运行。在国际玉米价格持续下降的情况下，国内外玉米价格出现"倒挂"。"价补分离"政策实施后，国内玉米价格开始下降，逐步与国际市场衔接，价格"倒挂"的局面得以缓解。2016年6月国内玉米市场价格为1804.10元/吨，玉米进口完税价格为1692.40元/吨，二者价差仅为111.70元/吨，较历史最高值906.10元/吨（2014年9月）下降87.67%。至2016年12月，每吨国产玉米比进口玉米价格仅仅高出64.17元。2017年1月，国内玉米价格首次低于国外进口到岸完税价，国内玉米市场价格为1512.50元/吨，玉米进口完税价格为1640.34元/吨，二者价差127.84元/吨。随后三个月，国内玉米价格均低于国外进口到岸完税价，2017年2月最明显，国内玉米价格低于国外进口完税价179.08元/吨。直至2019年12月，国内玉米价格与国外进口到岸完税价的价差始终维持在较低的范围（图4-3）。可见，玉米收购价格政策改革扭转了持续三年多的国内外玉米价格"倒挂"局面，国内与国外市场价格的联动性越来越强。

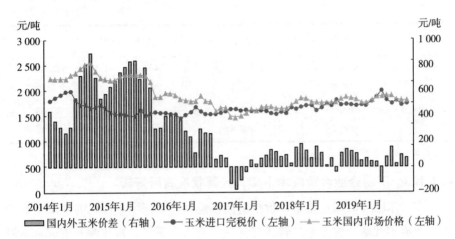

图4-3　2014年1月至2019年12月国内外玉米价格及价差

数据来源：布瑞克农业数据库，国家统计局。

4.2.1.2　玉米及替代品市场竞争力提升

随着国内外玉米价差缩小，进口玉米的优势不再显现，玉米进口量有所减少，国产玉米竞争力有所提升。根据海关总署提供的数据，2016年全国玉米进口量为316.69万吨，较上年下降156.34万吨，降幅达33.05%。2017年全国玉米进口量为282.52万吨，较上年下降34.17万吨，降幅达10.79%。2018年玉米进口量虽然略有回涨态势（345.43万吨），但是与2015年相比仍然下降了127.60万吨，降幅达26.98%。高粱、大麦、DDGS等玉米替代品的进口量也呈现出下降趋势。2015年全国高粱、大麦、DDGS三类玉米替代品的进口量分别为1 069.97万吨、1 073.13万吨与682.09万吨。2016年，三种作物进口量分别减少至664.76万吨、500.51万吨与306.66万吨，较上年分别下降37.87%、53.36%与55.04%。2017年除大麦进口量呈现恢复性上涨外，其他两种作物的进口量有所下降，高粱进口量下降至664.76万吨，降幅达23.93%，DDGS进口量下降至39.08万吨，降幅达87.26%。2018年三种替代作物进口量持续下降。上述数据表明，"价补分离"政策在提升玉米及替代品市场竞争力等方面发挥了积极作用，进一步降低了国产玉米及玉米替代品的对外依存度（表4-2）。

表4-2　2015—2018年中国玉米、高粱、大麦、DDGS进口量

单位：万吨

年份	玉米	高粱	大麦	DDGS
2015	473.03	1 069.97	1 073.13	682.09
2016	316.69	664.76	500.51	306.66
2017	282.52	505.68	886.35	39.08
2018	345.43	364.98	681.54	14.79

数据来源：海关总署。

4.2.1.3　下游企业经营成本下降，经营状况有所好转

在玉米临时收储政策下，价格的高位运行使以玉米为原料的加工企业和畜牧业成本骤增，加工业经营状况惨烈、开工率不足，畜牧业养殖成本不堪重负。评估"价补分离"政策对市场价格形成机制影响程度的又一指标是考察玉米收购价格政策改革后以玉米为原料的深加工企业的经营状况是否有所好转以及畜牧业养殖成本是否下降。

玉米是大宗谷物中最适合进行工业加工的品种，具有加工空间大、产业链条长的特点，玉米加工种类主要包括玉米淀粉、玉米酒精和玉米氨基酸等产品。玉米临时收储政策时期，高位运行的玉米市场价格及低位徘徊的加工品价格使得玉米加工业经营难以为继，基本处于亏损状态，开工率不足。"价补分离"政策实施期间，虽然加工品价格仍然处于低位徘徊，但是，"价补分离"政策的出台使东北地区玉米深加工企业经营状况大幅好转。如图4-4所示，"价补分离"政策实施后，吉林省玉米酒精产业经营状况开始转亏为盈，2016年8月至2019年12月的43个月，全部都处于盈亏平衡线以上，且盈利空间较大。如2017年平均每加工一吨玉米酒精盈利额达808.16元，其中1月、10月、11月和12月的加工利润都赶超1 000元；2018年平均每加工一吨玉米酒精盈利额为638.87元；2019年平均每加工一吨玉米酒精盈利额为310.05元。

玉米价格的市场化带动了玉米加工企业的生产，企业生产积极性高涨，

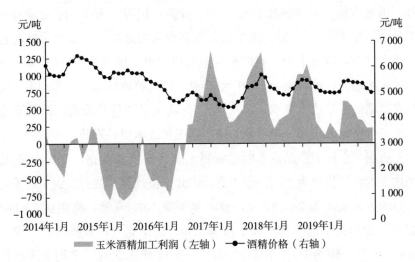

图4-4　2014年1月至2019年12月吉林省玉米酒精加工利润与酒精价格

数据来源：布瑞克农业数据库。

开工率大幅度提升。从玉米酒精企业看，2016年11月，东北地区玉米酒精企业开工率已经达到87%的水平，其中吉林省玉米酒精企业开工率更是超过90%。2017年3月，东北地区玉米酒精企业开工率进一步提升，高达96%，几乎接近饱和状态。从玉米淀粉企业看，根据淀粉工业协会对辽宁益海嘉里、四平天成、中粮公主岭、黄龙食品、长春大成、嘉吉生化、绥化昊天、象屿生化8家有代表性的东北玉米加工企业的调查数据，2017年5月以来，8家企业的开工率均为100%，高于全国平均水平。根据布瑞克农业数据库的数据，河南省、河北省、山东省、黑龙江省与吉林省五大玉米主产区2015年2月平均淀粉企业开工为39%，至2016年12月，开工率上涨到77%，涨幅高达97.44%。随后，淀粉企业开工率一直维持在较高水平。2017年，淀粉企业全年开工率基本维持在70%~80%，年均开工率为75%，其中，开工率最高点为2017年12月（81%）。2018年1月全国淀粉企业开工率上升至82%，2019年全国淀粉开工率略有下降，但是仍然维持在50%以上。

玉米是畜禽饲料配方中主要的能量饲料，有"能量之王"的美誉。在畜牧业养殖成本中约有74%来自饲料，在饲料成本中约有60%来自玉米。一般来讲，商品猪的料肉比是2.4∶1左右，一头商品猪出栏体重按120千克计算，玉米占饲料成本的比重按照 60% 计算，饲养一头 120 千克的商品猪的玉米用量是 172.80 千克。玉米临时收储政策实施后，在玉米价格高企不下的压力之下，以玉米为原料的畜牧业难以为继，单以 2015 年计算，国家公布的玉米临时收储价格为 2.00 元/千克，按此价格计算，饲养一头 120 千克的商品猪的玉米成本高达 345.60 元。自从玉米"价补分离"政策实施以来，玉米价格回归市场，畜牧业养殖所需玉米成本明显降低，养殖利润空间加大。根据《全国农产品成本收益资料汇编》提供的数据，2016 年东北地区平均玉米出售价格为 1.42 元/千克，按此价格计算，饲养一头 120 千克的商品猪的玉米成本为 245.10 元，较上年下降 100.50 元，降幅达 29.08%。2017 年东北地区平均玉米出售价格为 1.58 元/千克，饲养所需玉米成本为 245.10 元/头，较 2015 年下降 20.91%。2018 年东北地区平均玉米出售价格为 1.68 元/千克，饲养一头 120 千克的商品猪的玉米成本较 2015 年下降 55.24 元，降幅 15.99%（表 4 - 3）。

表 4 - 3　2015—2018 年饲养一头商品猪所需的玉米成本

年份	玉米市场价格① （元/千克）	玉米成本（元）
2015	2.00	345.60
2016	1.42	245.10
2017	1.58	273.33
2018	1.68	290.36

数据来源：国家统计局、《全国农产品成本收益资料汇编》（2017—2019 年）。

综合上述分析，玉米"价补分离"政策的出台无疑给以玉米为原料的下游产业带来了利好的机遇，下游消费群体生产压力得以缓解，生产积极性高涨，经营状况显著好转。

4.2.2　基于保障农民基本收益目标的评估

为防止农民收益受损严重，弱化价格对生产者的刺激作用，国家决定采

---

①　注：2015 年玉米市场价格为国家统计局公布的临时收储价格，2016—2018 年的玉米市场价格是根据《全国农产品成本收益资料汇编》提供的黑龙江省、吉林省、辽宁省和内蒙古自治区"每50 千克平均玉米销售价格"指标计算的平均值。

取给予生产者专项补贴的方式保障农民获得种粮的基本收益，并鼓励各地将补贴资金向优势产区集中，保障优势产区玉米种植收益基本稳定。"价补分离"政策对农民的种粮收益是否有保障作用以及保障程度如何，值得关注与思考。根据第三章的研究成果，除黑龙江省确定了全省统一的生产者补贴标准外，其他省（区）的补贴标准是"一县一定"。2016—2018 年黑龙江省公布的生产者补贴标准分别为 153.92 元/亩、133.46 元/亩、25 元/亩。根据《全国农产品成本收益资料汇编》提供的数据，2016 年黑龙江省玉米现金收益仅为 67.29 元/亩，每亩较 2015 年减少 365.73 元。加上生产者补贴后，每亩收益上涨至 221.21 元，生产者补贴可弥补净收益减少的 42.09%。2017 年黑龙江省玉米现金收益为 216.52 元/亩，收益有所增加，加上生产者补贴后，每亩收益上涨到 349.98 元。2018 年黑龙江省玉米现金收益为 296.37 元/亩，虽然当年确定的生产者补贴有所下降，但是加上补贴后每亩收益超过 300 元（表 4-4）。

表 4-4 2015—2018 年黑龙江省玉米种植收益情况

单位：元/亩

年份	现金收益	生产者补贴标准	补贴后收益
2015	433.02	—	—
2016	67.29	153.92	221.21
2017	216.52	133.46	349.98
2018	296.37	25	321.37

数据来源：《全国农产品成本收益资料汇编》（2016—2019 年）及黑龙江省下发的玉米生产者补贴实施方案。

本部分内容以吉林省田野调查数据为研究对象，分别选取玉米核心产区公主岭市和非核心产区长岭县典型样本农户进行成本收益分析，分析玉米生产者补贴对不同区域农民收益的影响程度。吉林省公主岭市是"中国玉米之乡"，位于松辽平原腹地，气候、土壤非常适合种植玉米，是全国重要的玉米主产县（市）。通过对公主岭市八屋镇三角寺村典型样本农户玉米种植成本收益的计算，2015 年玉米销售价格约 1.94 元/千克，剔除生产成本后的净收益高达 10 488 元/公顷。2016 年，玉米价格回归市场后，玉米销售价格下跌至1.14元/千克，较上年相比下降41.24%，在不包括生产者补贴的情况下，样本农户每种植一公顷玉米的净收益为2 095元，与上年相比减少8 975元，降幅高达85.57%。当年确定的生产者补贴为3 090元/公顷，加上补贴后，农户净收益提高到5 180元/公顷，生产者补贴可弥补净收益减少的34.43%。2017年，在市场供求关系变动的情况下，玉米销售价格上升至1.52元/千克，较上年上涨33.33%，在不包括补贴的情况下，样本农户玉米种植净收益已经高达8 216元/公顷，明显高于上年加上补贴后的收入。按照政策文件的相关规定，公主岭市仍然需要向农民下发补贴，加上补贴后样本农民净收益高达10 916元/公顷，较上年增长了2倍有余，且高于2015年。2018年玉米价格略有下降，受中美贸易摩擦的影响，玉米生产者补贴大幅下降，公主岭市确定的生产者补贴为1 900元/公顷。在不包含生产者补贴的情况下，每种植一公顷玉米的净利润为5 500元，加上补贴后上涨为7 400元/公顷（表4-5）。

表4-5　吉林省玉米核心产区典型样本农户玉米生产收益情况

年份	单产 （元/千克）	销售价格[①] （元/千克）	生产成本 （元/公顷）	净收益 （元/公顷）	生产者补贴 （元/公顷）	补贴后净收益 （元/公顷）
2015	13 200	1.94	15 120	10 488	—	—
2016	13 500	1.14	13 300	2 090	3 090	5 180
2017	13 300	1.52	12 000	8 216	2 700	10 916
2018	13 500	1.40	13 400	5 500	1 900	7 400

数据来源：根据实地调研数据整理计算所得。

松原市长岭县位于吉林省西部，松原市西南部，生态环境较为脆弱，玉米单产水平低而不稳，是松嫩平原典型的农牧交错区。通过对长岭县太平镇西新村典型样本农户玉米种植成本收益的计算，2015年玉米销售价格约1.96元/千克，生产成本为13 500元/公顷，经过计算，玉米种植的净收益为5 120元/公顷。2016年，玉米"价补分离"政策实施后，玉米价格回归

---

① 2015—2018年公主岭市典型样本农户玉米出售时间集中在11月末至12月，玉米含水量约为24%。

市场，玉米销售价格下跌至1.10元/千克，当年确定的生产者补贴为2 150元/公顷。在不包括生产者补贴的情况下，每种植一公顷玉米样本农户将亏损1 220元，加上补贴后种植一公顷玉米的净收益提高到930元，生产者补贴可弥补净收益减少的33.91%。2017年，玉米销售价格上升至1.43元/千克，较上年上涨30%，生产成本较上年略有下降。在玉米价格上涨与生产成本下降的双重作用之下，农户每公顷净收益由亏损变为盈利，盈利额高达2 555元，是上年加上补贴后收益的2.74倍。按照政策文件的相关规定，长岭县依旧向农民下发补贴，当年确定的生产者补贴标准为2 130元/公顷。加上补贴后样本农民每种植一公顷玉米的净收益上涨至4 685元，几乎达到了2015年的水平。2018年该地区农户的玉米出售价格为1.35元/千克，不包含生产者补贴净利润为825元/公顷，加上生产者补贴后，净利润上涨为2 025元/公顷（表4-6）。

表4-6 吉林省玉米非核心产区典型样本农户玉米生产收益情况

年份	单产 （元/千克）	销售价格① （元/千克）	生产成本 （元/公顷）	净收益 （元/公顷）	生产者补贴 （元/公顷）	补贴后净收益 （元/公顷）
2015	9 500	1.96	13 500	5 120	—	—
2016	9 800	1.10	12 000	−1 220	2 150	930
2017	9 500	1.43	11 030	2 555	2 130	4 685
2018	9 500	1.35	12 000	825	1 200	2 025

数据来源：根据实地调研数据整理计算所得。

综合上述分析，玉米"价补分离"政策实施后，农民收入明显下降，生产者补贴的发放在一定程度上弥补了由价格下降导致的收益损失，如2016年公主岭市样本农户净收益由2 095元/公顷提高到5 180元/公顷，长岭县样本农户净收益由−1 220元/公顷提高到930元/公顷，黑龙江省种植一亩玉米的收益保持在220～350元。但是，生产者补贴对农民收益的保障效果不稳定，农民的玉米种植收益年际间呈现较大波动性。如2017年市场价格显著上行，此时农民玉米种植收益几乎与上年补贴后收益持平，国家仍然需

---

① 2015—2018年长岭县典型样本农户玉米出售时间集中在11月末至12月，玉米含水量约为24%。

要向农民发放生产者补贴。在生产者补贴的加持之下，农民最终获得的收益大幅度提高，甚至回到临时收储政策时期的水平。

4.2.3 基于调整种植结构目标的评估

玉米临时收储政策过度刺激了农民玉米生产行为，玉米出现阶段性供过于求，东北地区玉米"一粮独大"的种植结构性矛盾凸显。如何调整与优化农业供给侧结构性改革尤其是玉米供给侧结构性改革成为近年来农业农村工作的重中之重。在迫切的现实要求之下，玉米"价补分离"政策的第三个核心目标是引导农民合理安排生产，促进种植结构调整，因地制宜调减玉米种植面积，加快推动农业供给侧结构性改革进程。玉米"价补分离"政策出台的时间为 2016 年，各省区下发建立玉米生产者补贴政策实施方案的通知时间集中在当年 7 月至 9 月，此时农民生产种植行为早已完成，这意味着"价补分离"政策对 2016 年农民种植行为的影响几乎为零，因此，该政策对农户生产决策行为产生影响的时间为 2017 年。鉴于此，本节着重分析 2017 年以后政策实施区域玉米播种面积的变动情况。

从全国范围来看，玉米播种面积呈现下降趋势。如表 4-7 所示，2016 年全国玉米播种面积为 4 417.76 万公顷，2017 年玉米播种面积减少至 4 239.90 万公顷，降幅达 4.03%。2018 年全国玉米播种面积继续下降，降至 4 213.01 万公顷，较上年减少 26.89 万公顷。从政策实施区域看，2017 年黑龙江省玉米播种面积调减幅度最大，减少了 66.56 万公顷，占全国总调减面积的 37.42%。吉林省玉米播种面积减少了 7.81 万公顷，辽宁省玉米播种面积减少了 9.78 万公顷，内蒙古自治区玉米播种面积减少了 12.72 万公顷，东北地区共调减玉米播种面积 96.86 万公顷，占当年全国总调减面积的 54.46%。2018 年东北地区玉米播种面积出现增长态势，黑龙江省玉米播种面积由 586.28 万公顷增长至 631.78 万公顷，增幅达 7.76%；吉林省玉米播种面积由 269.20 万公顷增长至 271.30 万公顷，增幅达 1.60%；辽宁省与内蒙古自治区玉米播种面积分别增加 2.10 万公顷和 2.58 万公顷，东北地区共计增加玉米播种面积 56.93 万公顷。可见，"价补分离"政策发挥结构调整效果第一年，调减玉米面积的效果明显，超过全国调减总面积的一半；而第二年，农民开始复种玉米，玉米播种面积较上一年有所增长，调减效果呈现反弹趋势。

表 4-7　2015—2018 年全国范围及东北地区玉米播种面积及变化情况

单位：万公顷

年份	全国	变化情况	黑龙江省	变化情况	吉林省	变化情况	辽宁省	变化情况	内蒙古自治区	变化情况
2015	4 496.84	—	736.11	—	425.11	—	292.24	—	393.83	—
2016	4 417.76	−79.08	652.84	−83.27	424.20	−0.91	278.98	−13.26	384.36	−9.48
2017	4 239.90	−177.86	586.28	−66.56	416.40	−7.80	269.20	−9.78	371.63	−12.72
2018	4 213.01	−26.89	631.78	45.50	423.15	6.75	271.30	2.10	374.21	2.58

注：正数表示与上年相比玉米面积增加，负数表示与上年相比玉米面积下降。

数据来源：国家统计局、2019 年《黑龙江统计年鉴》《吉林统计年鉴》《辽宁统计年鉴》《内蒙古统计年鉴》。

　　为更加直观、详实地反映"价补分离"政策实施后不同区域农民种植结构调整情况，本书对吉林省公主岭市、梨树县、农安县、德惠市、大安市、通榆县、乾安县、长岭县、龙市与敦化市 10 个县（市）进行实地调查，共回收有效样本 538 户[①]。在调查的 538 个样本农户中，与上年相比，2017 年增加玉米种植面积的农民有 66 户，占调查样本总数的 12.35%；玉米种植面积保持不变的农户有 142 户，占样本总数的 26.32%；减少玉米种植面积的农民有 330 户，占调查样本总数的 61.33%，户均调减幅度 12 亩，占上一年度户均经营耕地面积的 41.38%。在进行结构调减的 330 个样本中，非核心产区有 258 个农户，占 78.18%，核心产区农户仅有 72 户，仅占调减样本总数的 21.82%（表 4-8）。政策实施初期，农民调减玉米播种面积的热情较高，调减区域主要聚集在玉米非核心产区，符合预期目标。

　　为明确 2018 年样本农户种植结构调整情况，对吉林省 538 户农户进行进一步分析。通过梳理相关数据，较上年增加玉米种植面积的农民有 254 户，占样本总数的 47.21%；玉米种植面积保持不变的农户有 182 户，占样本总数的 33.83%；减少玉米种植面积的农民有 102 户，占调查样本总数的

---

　　① 其中，公主岭市、梨树县、农安县、德惠市 4 个县（市）属于玉米核心产区，样本量为 216 户；大安市、通榆县、乾安县、长岭县、和龙市与敦化市 6 个县（市）属于玉米非核心产区，样本量为 322 户。

18.96％。在增加玉米播种面积的254户中，核心产区增加玉米面积的农户有78户，占调增样本总数的30.71％，非核心产区增加玉米面积的农户有176户，占调增样本总数的69.29％（表4-9）。可见，几乎一半的农户选择在2018年增加玉米播种面积，调增区域主要集中在玉米非核心产区，这显然与预期目标相悖。

表4-8　2017年吉林省调研样本农户玉米面积调减情况

单位：户

地区	样本总数	增加	不变	减少
公主岭市	54	15	24	15
梨树县	51	8	25	18
农安县	56	10	25	21
德惠市	55	18	19	18
核心产区合计	216	51	93	72
大安市	57	4	14	39
通榆县	53	2	6	45
乾安县	56	3	5	48
长岭县	52	1	6	45
和龙市	50	2	10	38
敦化市	54	3	8	43
非核心产区合计	322	15	49	258
总计	538	66	142	330

数据来源：实地调研数据整理计算所得。

表4-9　2018年吉林省调研样本农户玉米面积调减情况

单位：户

地区	样本总数	增加	不变	减少
公主岭市	54	20	26	8
梨树县	51	18	24	9
农安县	56	21	19	16
德惠市	55	19	25	11
核心产区合计	216	78	94	44

（续）

地区	样本总数	增加	不变	减少
大安市	57	37	11	9
通榆县	53	27	13	13
乾安县	56	28	16	12
长岭县	52	30	12	10
和龙市	50	26	17	7
敦化市	54	28	19	7
非核心产区合计	322	176	88	58
总计	538	254	182	102

数据来源：实地调研数据整理计算所得。

综合上述分析与讨论，玉米"价补分离"政策实施后，政策发挥效果第一年（2017年），农民生产决策行为得以引导，政策实施区域的玉米播种面积呈明显下降趋势，尤其是玉米非核心产区，调查样本中70%以上的农民调减玉米播种面积。而在政策发挥效果第二年（2018年），众多农民纷纷开始复种玉米，调查样本中几乎一半的农户增加玉米播种面积，政策初期取得的良好结构调整成效被部分抵消。

4.3 农民对"价补分离"政策的回应性评估

本节立足微观实地调研数据，以认知程度及满意程度为量化指标，明晰农民对玉米"价补分离"政策的需求与偏好。调查样本包括吉林省公主岭市、梨树县、农安县、德惠市、大安市、通榆县、乾安县、长岭县、和龙市与敦化市10个县（市）538户样本农户。

4.3.1 农民的认知程度

农民对政策的认知情况是政策回应性评估的内容之一。从农民对"价补分离"政策的认知来看，在调查的538户样本中，表示比较了解或非常了解该政策的农户有85户，占样本总体的15.94%，22.73%的农户表示了解一些，超过一半的农户表示听说过"价补分离"政策。将样本农户与个人特征变量进行匹配发现，知晓程度较高的农户多是村干部或者文化程度较高的农户（大专及以上）（表 4-10）。

表 4-10　农户对玉米"价补分离"政策的了解程度

	非常了解	比较了解	一般了解	听说过	不知道
频数（户）	27	58	122	311	19
占样本总体比重（%）	5.09	10.85	22.73	57.81	3.52

数据来源：根据实地调研整理计算所得。

　　为进一步明确农户对"价补分离"政策的认知程度，调查问卷中设计了验证性问题"您是否知道补贴发放标准？2016—2018 年的补贴发放水平分别是多少元/公顷？"以及"您是否知道补贴发放依据？具体按照什么依据发放"。通过整理发现，65.21% 的农户不知道每年生产者补贴的发放标准。而在剩余知晓的 187 户样本中，有 43.28% 的农户可以准确回答最近三年的补贴标准，27.45% 的农户可以回答出大致范围，有 29.27% 的农户回答错误。当问及补贴发放依据时，89.75% 的农户表示知道，10.25% 的农户表示不知道。在表示知道的 483 户样本中，70.38% 的农户可以给出准确答案（按照实际玉米种植面积），19.62% 的农户认为国家是按照土地承包合同面积发放的补贴，剩余 10% 的农户认为是按照产量与面积发放补贴。通过与村干部进一步访谈了解到，上述将近 20% 认为按照土地承包合同面积发放补贴的农户中，一部分农户所在样本村确实是按照土地承包合同面积发放的补贴。深入了解发现，由于 2016 年政策文件下达时间较晚，短时间内难以完成面积核实工作，因此有些样本村只能采用土地承包合同面积作为补贴发放依据。

　　综上所述，现阶段样本农户对玉米"价补分离"政策的认知度较低：虽然有 96.48% 的农户知道玉米"价补分离"政策，但是仅有 15.94% 的农户较了解（比较了解或非常了解），80.54% 的农户不太了解该项政策，而且在较了解的农户中多数是接触政策文件的村干部或具有较高学历的农户。通过验证性问题可以进一步印证上述结论，知晓补贴发放标准的农户仅占样本总数的 34.79%，超过 65% 的农户不清楚是按照什么标准发放的补贴，

89.75％的农户表示自己知道补贴发放依据，但是知晓的样本中仍然有 1/3（29.62％）的农户不能给出准确答案。

4.3.2 农民的满意程度

农民对政策的满意情况是政策回应性评估的重要内容之一。从总体来看，199 户样本农户对"价补分离"政策初期效果比较满意或非常满意，占样本总数的 36.99％。部分农户表示不满意或很不满意，12.36％的农户表示一般。可见，样本农户对"价补分离"政策的总体满意度有待提高。为深入了解农户的满意程度，问卷中设计了农户对生产者补贴标准、补贴依据的满意度等政策内容方面的评价以及种植面积统计结果、补贴资金发放程序、补贴公布时间、政策宣传等政策操作方面的评价。从政策内容层面看，在补贴标准方面，约有 54.2％的农户表示对国家公布的补贴标准比较满意或非常满意，25.62％的农户表示不满意或很不满意。通过深入分析发现，表示不满意或很不满意的样本农户主要集中在公主岭市、农安县、梨树县等玉米核心产区。主要原因在于 2018 年国家公布的补贴标准远低于前两年，对农民收益影响较大。尤其是对主产玉米地区的农户来说，即使加上补贴，收益仍然难以企及前两年的水平。在补贴依据方面，有 31.45％的农户表示对当前按照玉米实际种植面积发放补贴的方式比较满意或非常满意，16.47％的农户认为一般，52.08％的农户表示不满意或很不满意。深入调研发现，满意度较高的农户多数是近三年遭受过旱灾、虫灾等自然灾害导致当年玉米单产有所下降。对于此类农民来说，按照实际玉米播种面积发放生产者补贴的方式有效规避了自然风险，因此他们对按照播种面积发放补贴满意度更高。对比不同农户的情况可知，部分农户对现行按照面积发放补贴的方式不满意，他们认为按面积发放补贴的方式不合理，很多农户表示按照玉米销售量发放补贴更为合理，因为可以有效激励其粮食生产，同时保证补贴发放更加公平公正。此外，由于有些样本村 2016 年是按照土地承包合同的面积发放补贴，而农户实际播种面积大于合同上规定的面积，导致其获得的补贴金额比实际数值少，最终导致农户满意度较低（表 4-11）。

表 4-11　农户在"价补分离"政策实施初期对政策效果的满意程度

单位：%

内容	指标	选项				
		非常满意	比较满意	一般	不满意	很不满意
总体评价	对玉米"价补分离"政策的总体满意度	9.53	27.46	12.36	30.25	20.40
政策内容	对生产者补贴标准的满意度	17.49	36.71	20.18	10.06	15.56
	对生产者补贴依据的满意度	12.83	18.62	16.47	37.94	14.14
政策操作	对种植面积统计结果的满意度	14.10	16.64	19.41	29.78	20.07
	对补贴公布时间的满意度	10.93	39.26	13.18	29.72	26.91
	对补贴资金发放方式的满意度	41.04	35.81	10.67	4.63	7.85
	对政府政策宣传工作的满意度	18.98	14.17	20.88	25.25	20.72

数据来源：根据实地调研整理计算所得。

从实际操作层面看，30.74％的农户对政府工作人员统计的种植面积结果比较满意或非常满意，49.85％的农户对统计结果表示不满意或很不满意。样本农户表示不满意或很不满意的主要原因是政府相关部门并未公示面积统计结果，有失公平性与透明性。在调研中，有些农户表示希望政府相关部门能够尽早公布统计结果，同时对存在异议的情况及时调整。当问及"您对补贴标准公布时间的满意程度"时，56.63％的农户表示不满意。样本农户表示不满意的主要原因是补贴标准公布时间多集中在每年9月底，对于农民来说当年的种植行为早已完成，农户难以依据补贴标准安排生产，进而影响农民收益。当问及"您对补贴资金发放方式的满意程度"时，76.85％的农户对补贴资金发放至惠农"一卡通（折）"这种方式比较满意或非常满意。可见，这种方式简单、方便，因此农户的评价较高。当问及"您对政府部门的政策宣传工作的满意度"时，33.15％的农户表示比较满意或非常满意。

综上所述，从回应性评估结果看，样本农户对玉米"价补分离"政策的认知程度和满意程度较低，整体评价不高。从政策内容看，农户对补贴标准的满意度高于对补贴依据的满意度。原因在于很多农户认为有补贴总比没有强。虽然补贴有高有低，但是可以弥补部分由于市场价格下降导致的收入下降，而且当市场价格很高时，加上补贴后的收益可能与临储时期持平，高昂的超额利润使得农民对补贴标准的满意度更高。从操作内容看，除农户对补贴资金发放方式比较满意外，对种植面积统计结果、补贴标准公布时间、政府部门政策宣传力度等方面满意程度有待提高。

4.4 本章小结

本章首先从福利经济学的视角分析了由玉米临时收储政策改为玉米"价补分离"政策后各利益主体的福利和社会总福利的变化。研究结果表明，玉米"价补分离"政策引起社会总福利的受损程度小于临时收储政策，现阶段玉米收购价格政策改革提高了社会福利水平，实现了政策公平性。其次，基于微观实地调查数据、宏观统计数据以及典型样本调查，对玉米"价补分离"政策的政策目标进行评估，以此判断"价补分离"政策是否实现了政策目标。研究结果表明，玉米收购价格政策改革在一定程度上理顺了市场关系，国内外玉米价差逐渐缩小，国产玉米及替代品市场竞争力提升，下游企业经营成本下降，经营状况有所好转。生产者补贴的发放使农民收益得到一定程度的保障，弥补了由价格下降导致的收益损失，但是这种保障效果较不稳定，农民收益起伏波动。2017 年政策实施区域玉米播种面积显著下降，而在 2018 年已经调减的玉米播种面积复增，初期的结构调整效果被部分抵消。最后，从农民对玉米"价补分离"政策的认知程度与满意程度的视角，明确农民对政策的需求与偏好。基于微观实地调查数据分析后发现，农民对玉米"价补分离"政策的认知程度及满意程度较低，整体评价不高。结合政策回应性评估的结果，在后续改革和完善玉米收购价格政策的进程中，为提高农民对政策的认可度，一方面要注意优化政策设计与政策操作细节，另一方面要加大政策宣传力度，进而提高政策实施效率。

5 玉米"价补分离"政策种植结构调整效果的实证分析

引导农民合理安排生产，重点调减非核心产区玉米面积，实现粮食种植结构的优化是玉米"价补分离"政策的核心目标之一，是推动农业供给侧结构性改革的重要突破口。2020年农业农村部发布的《2020年种植业工作要点》中提到，深化农业供给侧结构性改革，防止非优势区玉米面积大幅反弹，确保玉米面积基本稳定，坚决守住国家粮食安全底线。从上一章的分析结果看，玉米"价补分离"政策实施后，调整优化种植结构的效果欠佳，呈现波动性、反复性，未达到预期政策目标。农户生产决策受众多因素影响，上一章的定性分析难以排除其他因素的干扰，无法直接推断出玉米"价补分离"政策与农民种植玉米生产决策之间的因果关系，所以，还需利用实证分析方法进一步分析。

本章首先利用政策实施区域（吉林省）和非政策实施区域（河南省）的实地调查数据，采用经典双重差分模型（difference‐in‐diffence，DID），从微观视角识别"价补分离"政策在不同年份、不同区域对玉米播种面积的实际净影响。其次，基于农户行为理论，从理论层面分析当前执行的玉米"价补分离"政策对农民种植结构调整行为的影响机制，并运用二元Logistic模型，构建"生产者引导价格"量化"价补分离"政策，对其进行实证检验，为解释"价补分离"政策与种植结构调整之间的因果关系提供更充足的计量证据。最后，基于上述实证分析结果，探究"价补分离"政策下种植结构调整效果未达到预期目标的原因。

5.1 玉米"价补分离"政策对玉米播种面积的净影响

5.1.1 模型构建

双重差分模型来源于计量经济学的面板数据模型，近年来在粮食政策分析中得到广泛的实践应用（贾娟琪，2017；柳苏芸，2017；贺超飞等，2018；田聪颖，2018；胡迪等，2019），可真实刻画出某项政策对个体的实际净影响。其原理如下：首先，对研究样本进行分组，受政策影响的研究样本是处理组（treatment group），不受政策影响的研究样本是对照组（control group）；其次，以政策实施年份为节点，分别设置政策实施前的基准期和政策实施后的考察期；最后，为获得政策的净影响效应，将处理组在政策实施前后的考察指标的均值变化减去对照组的均值变化，从而得出政策处理效应的参考数值，该效应也被称为政策对处理组的平均处理效应（ATT）。

$$\Delta y_i = \gamma + \beta x_{i,2} + \Delta \varepsilon_i \qquad (5-1)$$

以 OLS 方法估计上述方程，可得到政策变量的一致估计量。类比差分估计量（differences estimator）可得：

$$\hat{\beta}_{OLS} = \Delta \bar{y}_{treat} - \Delta \bar{y}_{control} = (\Delta \bar{y}_{treat,2} - \Delta \bar{y}_{treat,1}) - (\Delta \bar{y}_{control,2} - \Delta \bar{y}_{control,1})$$

$$(5-2)$$

在此基础上，可以设定基本双重差分模型如下：

$$Y_{i,t} = \beta_0 + \beta_1 Treated_i + \beta_2 Post_t + \beta_{DD} Treated_i \cdot Post_t + \beta_Z \cdot Z_{i,t} + \varepsilon_{i,t}$$

$$(5-3)$$

其中 $Treated_i$ 为组别虚拟变量，$Treated_i = 1$ 表示个体 i 受政策实施的影响，即处理组；$Treated_i = 0$ 表示个体 i 不受政策实施的影响，即对照组；$Post_t$ 为政策实施前后的时间虚拟变量，$Post_t = 1$ 表示政策实施之后，即考察期；$Post_t = 0$ 表示政策实施之前，即基准期。β_{DD} 为政策处理组的平均处理效应（ATT_{DID}）；$Z_{i,t}$ 为其他解释变量 $\{z_{i,1}, \cdots z_{i,K}\}$（表 5-1）。

表 5 - 1 双重差分法中各系数含义

分组	政策实施后（$Post_i=1$）	政策实施前（$Post_i=0$）	差分系数
处理组（$Treated_i=1$）	$\beta_0+\beta_1$	$\beta_0+\beta_1+\beta_2+\beta_3$	$\Delta\beta_2+\beta_3$
对照组（$Treated_i=0$）	β_0	$\beta_0+\beta_2$	$\Delta\beta_2$
DID	—	—	$\Delta\Delta\beta_3(D-I-D)$

始于 2016 年的玉米"价补分离"政策可以近似看作是一个准自然试验，实施区域为东北地区。针对面板数据，本书构建了既可控制个体固定效应，又可控制时间固定效应的"双向固定效应模型"，即经典 DID模型。

$$Y_{i,t} = \alpha_i + \gamma_t + \sum_{t=2017}^{2018} \beta_{i,t}^{DID} Treated_i \times Post_t + \sum \theta_{i,t} \cdot X_{i,t} + \varepsilon_{i,t}$$

$$(5-4)$$

其中，Y_{it} 表示被解释变量 i 农户 t 年份的玉米播种面积，$Treated_i$ 为组别虚拟变量，用于量化该地区是否实施玉米"价补分离"政策，如果农户 i 所在地区实施了玉米"价补分离"政策，即处理组，$Treated_i$ 赋值为 1；如果农户 i 所在地区并未实施"价补分离"政策，即对照组，$Treated_i$ 赋值为 0。$Post_t$ 为时间虚拟变量，用于衡量政策实施前后两期本身的差异（即使无政策干扰，自身也存在时间趋势）。以"价补分离"政策实施之前作为基准期，赋值为 0，政策实施之后为考察期，赋值为 1。交互项 $Treated_i \times Post_t$ 是本书的核心政策变量，系数为 β_{DD}，它是政策处理组的平均处理效应（ATT_{DID}），β_{DD} 的显著程度和大小反映了玉米"价补分离"政策对玉米播种面积是否具有影响以及影响程度。α_i 表示个体固定效应，引入个体固定效应可以解决不随时间而变，但是随个体而异的遗漏变量的问题。γ_t 表示时间固定效应，引入时间固定效应可以解决不随个体而变，但是随时间而变化的遗漏变量问题。α_i 与 γ_t 相较基准 DID 模型中的 $Treated_i$ 和 $Post_t$ 更能精准地反映个体特征与时间特征。为减少因遗漏重要解释变量导致估计结果偏差，本书加入了其他控制变量，用 $X_{i,t}$ 表示，$\theta_{i,t}$ 表示各控制变量的系数估计结果。

5.1.2 数据来源与变量选取

5.1.2.1 数据来源

在进行 DID 实证分析之前，首先需要明确考察期与基准期、处理组与对照组。玉米"价补分离"政策的出台时间为 2016 年，各省区下发建立玉米生产者补贴政策实施方案的通知时间集中在当年 7 月至 9 月，补贴细节公布时间较晚，此时农民早已完成 2016 年的种植行为，因此本书将玉米"价补分离"政策发挥作用时间设定为 2017 年，基准期选取 2014—2016 年，考察期选取 2017—2018 年。我国玉米种植主要分布于 24 个省、市、自治区，集中在东北、华北和西南等地。其中河北省、山西省、内蒙古自治区、辽宁省、吉林省、黑龙江省、山东省、河南省、四川省、贵州省、云南省、陕西省 12 个省份是我国主要玉米生产基地。黑龙江省、吉林省、辽宁省以及内蒙古自治区的东四盟是玉米"价补分离"政策实施的区域。吉林省是我国重要的玉米生产大省，地处我国松辽平原，与美国玉米带、乌克兰玉米带并称为世界三大"黄金玉米带"，吉林省农户的玉米生产经营行为具有典型代表性。鉴于此，本书选择吉林省玉米种植户作为双重差分方法中的"处理组"，同时按照玉米生产特征差异，将吉林省划分为玉米核心产区与玉米非核心产区，以探究不同区域农民对玉米"价补分离"政策的响应情况，所以双重差分方法中的"处理组"还包括吉林省玉米核心产区和玉米非核心产区。河南省是我国重要的玉米产区，具有发展玉米生产的良好生态条件。据国家统计局统计，河南省玉米常年播种面积在 5 000 万亩左右，占全国的 10% 以上，2015 年我国玉米产量排名前五名的省区依次黑龙江省、吉林省、内蒙古自治区、河南省和辽宁省，河南省位列全国第四位。因此，河南省农户的玉米生产经营行为较其他非政策实施省份具有典型代表性，本书选择河南省玉米种植户作为双重差分方法中的"对照组"。

问卷调查采取随机原则，以面对面访谈的形式进行，调查问卷主要涉及农户家庭基本特征、流转土地基本属性、玉米种植成本收益、农业补贴发放等方面，样本区间设置为 2014—2018 年，考虑到模型中包含滞后变量，因此还需要用到 2013 年的数据。吉林省调研区域分别为公主岭市、梨树县、农安县、德惠市、大安市、通榆县、乾安县、长岭县、和龙市与敦化市 10 个县（市），有效样本 538 户。其中，公主岭市、梨树县、农安县、德惠市 4 个县（市）属于玉米核心产区，样本量为 216 户；大安市、通榆县、乾安县、长岭县、和龙市与敦化市 6 个县（市）属于玉米非核心产区，样本量为 322 户。为推动农业供给侧结构性改革，促进"镰刀弯"地区种植结构调整，2016 年 5 月 20 日，中央全面深化改革小组发布《探索实行耕地轮作休耕制度试点方案》①。吉林省轮作试点地区集中在敦化市、汪清县、延吉市、安图县、龙井市、和龙市、珲春市、蛟河市、舒兰市、抚松县、榆树市、农安县、公主岭市、梨树县和镇赉县 15 个县（市）。为剔除休耕轮作制度对农民种植结构调整的影响，本书对调研的 538 户样本农户进行筛选。经过筛选，和龙市的头道镇和八家子镇、敦化市的沙河沿镇与江南乡均为轮作试点，轮作方式主要以玉米与大豆轮作为主，以玉米与杂粮杂豆或马铃薯轮作

表 5－2 调查区域分布情况

省份	市（州）	县（市）	有效样本数（户）	占全省比重（%）	省份	市（州）	县（市）	有效样本数（户）	占全省比重（%）
吉林省	四平市	公主岭市	54	12.44	河南省	安阳市	滑县	25	11.36
		梨树县	51	11.75			内黄县	28	12.73
	长春市	农安县	56	12.90		新乡市	原阳县	29	13.18
		德惠市	55	12.67			长垣县	30	13.64
	白城市	大安市	57	13.13		濮阳市	清丰县	27	12.27
		通榆县	53	12.21			濮阳县	27	12.27
	松原市	乾安县	56	12.90		焦作市	温县	26	11.82
		长岭县	52	11.98			修武县	28	12.73
小计			434	100	小计			220	100

数据来源：根据实地调查数据整理所得。

---

① 2016 年，国家在东北冷凉区、北方农牧交错区等地展开轮作试点，轮作面积 500 万亩，其中吉林省轮作面积任务量为 100 万亩。随后，国家继续增加结构调整力度，2017 年吉林省轮作任务量增加至 200 万亩，2018 年试点区域扩大至 12 省区。

为辅,公主岭市、梨树县、农安县和德惠市的样本选取区域均未在实施休耕
轮作制度试点范围内。剔除不符合要求的样本后,样本总量为吉林省 4 个市
8 个县(市)434 户样本,其中玉米核心产区 216 户样本,非核心产区 218
户样本。河南省调研区域分别为滑县、内黄县、原阳县、长垣县、清丰县、
濮阳县、温县与修武县 4 个市 8 个县(市),有效样本 220 户。具体调查区
域分布如表 5-2 所示。

5.1.2.2 变量选取

本书的被解释变量是玉米播种面积,核心政策变量为是否实施玉米
"价补分离"政策。根据前人研究成果,本书控制了玉米生产成本、玉米
单产、大豆单产及大豆单价四个变量。在进行稳健性检验时,选取当年玉
米产量作为被解释变量进行回归分析。各变量的描述性统计分析如表 5-3
所示。2014—2018 年,政策实施地区吉林省平均每户农民玉米播种面积为

表 5-3 各变量描述性统计分析

| 变量名称 | 吉林省 | | | | | | 河南省 | |
| | 全部样本 | | 核心产区 | | 非核心产区 | | | |
	均值	标准差	均值	标准差	均值	标准差	均值	标准差
玉米播种面积(公顷)	1.92	1.46	2.41	1.17	1.55	1.53	0.58	0.14
玉米产量(千克)	15 276.30	12 727.36	22 068.23	7 331.11	13 600.74	9 868.51	1 482.97	707.04
预期玉米生产成本(元/公顷)	6 093.58	1 793.55	8 177.73	1 394.71	3 382.44	2 198.54	1 373.46	779.76
预期玉米单产(千克/公顷)	8 659.54	2 814.21	9 156.94	960.05	8 774.67	341.99	6 414.86	64.34
预期大豆单产(千克/公顷)	1 931.01	1 42.66	1 931.01	142.66	1 931.01	142.73	1 608.14	129.15
预期大豆单价(元/千克)	3.73	0.32	3.73	0.32	3.73	0.32	4.00	0.49

数据来源:根据实地调查数据整理所得。在样本农户中,由于有些地区的农户并未种植大豆作物,为获取这些地区完整的大豆单产与大豆单价数据,本书以《中国统计年鉴》及《全国农产品成本收益资料汇编》中各省数据代替样本农户大豆生产状况。

1.92 公顷，未实施"价补分离"政策的河南省平均每户农民玉米播种面积为 0.58 公顷，其中，吉林省玉米核心产区户均玉米播种面积为 2.41 公顷，非核心产区为 1.55 公顷。吉林省平均每户农民的玉米产量为 15 276.30 千克，河南省平均每户农民的玉米产量为 15 276.30 千克。在玉米生产成本方面，河南省的玉米生产成本为 1 482.97 元/公顷，低于吉林省，进一步分析发现，两省生产成本的异质性主要体现在农村地租方面。在玉米单产方面，吉林省实施"价补分离"政策的地区玉米单产为 8 659.54 千克/公顷，河南省未实施"价补分离"政策的地区玉米单产为 6 414.86 千克/公顷。从大豆作物的生产情况看，吉林省大豆单产为 1 931.01 千克/公顷，河南省大豆单产为 1 608.14 千克/公顷，二者差距不大，河南省大豆单价达 4.00 元/千克，较吉林省高出 0.27 元/千克（表 5 - 3）。

5.1.3 实证结果分析

5.1.3.1 共同趋势检验

双重差分法的一个重要假设条件是：处理组和对照组的考察结果没有受到来自随时间变化的异质性因素干扰。这意味着，即使没有政策的变化，处理组和对照组的考察结果应该是一致的，这样对照组才能具备为处理组构造反事实的条件，否则将会导致估计结果偏差。换言之，在没有实施玉米"价补分离"政策的情况下，实施政策与未实施政策区域的玉米播种面积在研究时期内保持应有的共同趋势或者平行趋势（Common Trends）。双重差分法的共同趋势检验可以用画图法实现。绘制处理组和对照组在政策实施前的玉米面积播种变化趋势，以判断处理组与对照组的结果是否受到政策以外其他随时间变化的冲击。如果两条线的走势完全一致或基本一致，说明满足共同趋势假设。图 5 - 1 直观展示了玉米"价补分离"政策实施前后处理组与对照组玉米播种面积的变动趋势。在政策作用期之前，对照组（河南省）和处理组（吉林省、吉林省核心产区及吉林省非核心产区）玉米播种面积的变化保持基本一致性，总体上呈现先上升后下降的趋势，而在玉米"价补分离"政策开始见效后，处理组和对照组的玉米播种面积变化产生显著分离的趋势。根据共同趋势检验的图像，一方面，作用期之前处理组与对照组的共同趋势和作用期之后的分离趋势表明,处理组和对照组的区分具有合理性;另一方面,作用期之后三组处理组的玉米播种面积呈现先下降(2017 年)后上升(2018 年)的趋势,说明玉米"价补分离"政策在不同年份对玉米播种面积的影响是不同的,需要进一步做细致的实证分析。

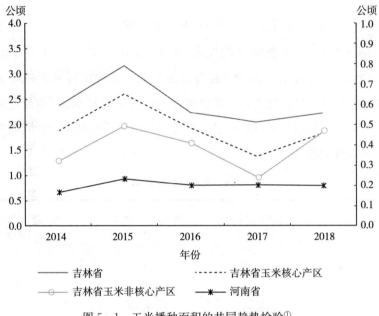

图 5-1 玉米播种面积的共同趋势检验①

为对共同趋势假设进行更加严密的检验,本书接下来利用回归分析法进一步展开检验。具体思路是:使用 2014—2016 年未实施玉米"价补分离"政策时期的数据重新建立一个平衡面板数据,并假设 2014 年为基准期,2015—2016 年为考察期,处理组和对照组的设定仍然以 2017 年是否实施玉米"价补分离"政策为依据,并将处理组划分为吉林省、吉林省核心产区、吉林省非核心产区三组,河南省为对照组。如果玉米"价补分离"政策对玉米播种面积的影响是其他变量引起的,那么在政策实施前就会显现,交互项

---

① 图 5-1 以次坐标轴表示河南省相应数据,主要由于河南省数据在量纲上显著小于吉林省,如果统一坐标轴,很难看出河南省玉米播种面积的时间变化趋势。

$Treated_i \times Post_t$ 的估计结果会显著；如果交互项的估计结果不显著，说明农民玉米生产经营行为不受随时间改变的异质性因素的干扰。选择双重固定效应模型，构建经典 DID 模型如式 5-5 所示，回归结果如表 5-4 所示。

$$Y_{i,t} = \alpha_i + \gamma_t + \sum_{t=2014}^{2016} \beta_{i,t}^{DID} Treated_i \times Post_t + \sum \theta_{i,t} \cdot X_{i,t} + \varepsilon_{i,t}$$

$$(5-5)$$

从表 5-4 中可以看出，以 2014 年为基准期，2015—2016 年为考察期的回归结果中，三组处理组的交互项 $Treated_i \times Post_{2015}$ 和 $Treated_i \times Post_{2016}$ 的系数均不显著，即处理组与对照组的玉米种植行为在政策实施前的差异基本一致，这意味着，玉米播种面积没有受到太多随时间改变的异质性因素的干扰，通过共同趋势检验。综合上述两种检验结果，共同趋势的假设条件基本得到满足。

表 5-4　共同趋势检验结果

变量名	全部样本农户估计系数	核心产区样本农户估计系数	非核心产区样本农户估计系数
$Treated_i \times Post_{2015}$	−0.389 (3.242)	−0.192 (0.661)	−0.562 (0.739)
$Treated_i \times Post_{2016}$	−0.256 (0.941)	−0.107 (0.293)	−0.486 (0.603)
预期玉米生产成本	YES	YES	YES
预期玉米单产	YES	YES	YES
预期大豆单产	YES	YES	YES
预期大豆单价	YES	YES	YES
时间固定效应	YES	YES	YES
个体固定效应	YES	YES	YES
常数项	1.46* (0.849)	1.073 (6.348)	1.975** (0.950)
样本量	434	216	218

注：*** 代表数据在 1% 水平下显著，** 代表数据在 5% 水平下显著，* 代表数据在 10% 水平下显著。YES 表示已控制该变量。括号中数字为标准误。

5.1.3.2 回归结果

本书通过建立双向固定效应模型，采用双重差分法，利用实地调研数据，验证由玉米临时收储政策改为玉米"价补分离"政策的调整对玉米播种面积的影响程度。回归结果如表 5-5 所示。

表 5-5 玉米"价补分离"政策对玉米播种面积影响的估计结果

变量名	全部样本农户		核心产区样本农户		非核心产区样本农户	
$Treated_i \times Post_{2017}$	-0.271*	-0.214**	-0.019*	-0.014*	-0.306*	-0.301**
	(0.152)	(0.091)	(0.103)	(0.008)	(0.168)	(0.127)
$Treated_i \times Post_{2018}$	0.253**	0.178*	0.076	0.062*	0.255*	0.243***
	(0.123)	(0.095)	(0.063)	(0.035)	(0.138)	(0.029)
预期玉米生产成本	NO	YES	NO	YES	NO	YES
预期玉米单产	NO	YES	NO	YES	NO	YES
预期大豆单产	NO	YES	NO	YES	NO	YES
预期大豆单价	NO	YES	NO	YES	NO	YES
时间固定效应	YES	YES	YES	YES	YES	YES
个体固定效应	YES	YES	YES	YES	YES	YES
常数项	0.782*	4.561	0.258**	1.919**	1.425*	2.153*
	(0.442)	(4.344)	(0.110)	(0.781)	(0.754)	(1.274)
样本量	434	434	216	216	218	218

注：*** 代表数据在 1% 水平下显著，** 代表数据在 5% 水平下显著，* 代表数据在 10% 水平下显著。YES 表示已控制该变量，NO 表示未控制该变量。括号中数字为标准误。

表 5-5 第 1 栏是以吉林省玉米种植农户为处理组的基本模型的回归结果，在未引入控制变量的情况下，玉米"价补分离"政策使 2017 年玉米播种面积下降了 27.10%，使 2018 年玉米播种面积增加了 25.30%。但是，基本模型没有控制玉米生产成本、玉米单产、大豆单产、大豆单价等变量的影响，估计结果的有效性有可能存在偏差。因此，在上述模型中加入相关的控制变量，以提高估计效率。表 5-5 第 2 栏为控制相关变量后的回归结果，结果表明：在控制上述变量后，"价补分离"政策使 2017 年玉米播种面积下降了 21.40%，玉米播种面积调减效应明显缩小；使 2018 年玉米播种面积增加了 17.80%，玉米播种面积复种效应也在缩小。上述结果表明，估计"价补分离"政策的影响时，忽略上述因素将产生偏误，影响估计结果有效性。

表 5-5 第 3～4 栏是以吉林省玉米核心产区为处理组的回归结果。结果表明："价补分离"政策对吉林省玉米核心产区玉米播种面积的影响较小，2017 年玉米播种面积下降 1.9％，2018 年玉米播种面积上涨 7.6％。加入控制变量后，影响程度有所降低，回归结果有效性增强，2017 年玉米播种面积下降 1.9％，2018 年玉米播种面积上涨 7.6％。

表 5-5 第 5～6 栏是以吉林省玉米非核心产区为处理组的回归结果。结果表明：玉米"价补分离"政策对非核心产区玉米播种面积的影响较大，该政策使非核心产区 2017 年玉米播种面积下降 30.6％，使 2018 年玉米播种面积上涨 25.5％。在加入控制变量的情况下，"价补分离"政策使非核心产区 2017 年的玉米播种面积下降 30.1％，较核心产区多下降 28.2 个百分点；"价补分离"政策使非核心产区 2018 年的玉米播种面积增加 24.3％，较核心产区多增加 16.7 个百分点。

综合上述分析发现，在排除其他因素对农民玉米种植决策的干扰后，三组处理组的回归结果均表明：玉米"价补分离"政策对玉米播种面积具有显著影响。2017 年，该政策对政策实施区域玉米面积具有显著负向影响，这表明"价补分离"政策对农户玉米面积调减的引导作用较强。2018 年，"价补分离"政策对政策实施区域玉米播种面积的影响由负变正，这表明该政策对玉米播种面积具有较大的正向冲击，未达到调减玉米面积的预期目标。同时，该政策对玉米非核心产区农民的影响程度大于对玉米核心产区农民的影响程度，符合调减非核心产区玉米播种面积的政策初衷。2017 年玉米非核心产区玉米播种面积调减效应为 30.1％，较核心产区多下降 28.2 个百分点；2018 年玉米非核心产区玉米播种面积调增效应为 24.3％，较核心产区多增加 16.7 个百分点。上述实证分析结果与第四章定性分析结果一致。

5.1.3.3 稳健性检验

在基本的回归分析结束之后，有必要对上述政策效果评估进行稳健性检验。稳健性检验的思想是人为地改变模型系统的一些参数，观测政策评估方法和相应的指标是否仍然对评估结果存在较为一致、稳定的解释能力。一般的稳健性检验工作主要通过改变计量方法、改变变量、改变数据等方式进行。考虑到玉米产量与玉米播种面积具有显著相关性，选择当年玉米产量作为玉米播种面积的替代被解释变量,利用经典 DID 进行稳健性检验,检验结果如表 5-6 所示。通过回归结果可以看出,估计结果的作用方向及大小变化与此前回归结果基本一致,并没有发生任何的系统性变化,因此可以认为本书的估计结果是稳健可信的。

表 5-6 稳健性检验估计结果

变量名	全部样本农户		核心产区样本农户		非核心产区样本农户	
$Treated_i \times Post_{2017}$	-0.159*	-0.133**	-0.015*	-0.009*	-0.296**	-0.278**
	(0.086)	(0.056)	(0.008)	(0.005)	(0.124)	(0.119)
$Treated_i \times Post_{2018}$	0.203*	0.129**	0.046*	0.021*	0.243**	0.216***
	(0.111)	(0.053)	(0.025)	(0.013)	(0.121)	(0.017)

注:*** 代表数据在 1% 水平下显著,** 代表数据在 5% 水平下显著,* 代表数据在 10% 水平下显著。括号中数字为标准误。

5.2 玉米"价补分离"政策影响农民种植结构调整行为的机制

上一节实证结果表明,玉米"价补分离"政策对玉米播种面积的影响存在明显的时间异质性,初期"价补分离"政策对玉米面积的影响为负,说明调整种植结构的预期目标得以实现,第二年,政策影响由负转正,说明实际政策效果不佳,未达到预期目标。同时,该政策对玉米播种面积的影响存在明显的区域异质性,即该政策对玉米非核心产区农户的种植结构调整的影响程度大于核心产区。基于以上分析,本节立足于理性小农理论,从理论层面分析"价补分离"政策对农民种植结构调整行为的影响机制与作用路径,提出待检验的研究假说,并以政策响应敏感区(吉林省玉米非核心产区)为研究对象,采用二元 Logistic 模型,进一步实证论证玉米"价补分离"政策与农民种植结构调整行为的因果关系,明晰其背后的政策机制。

5.2.1 理论分析

首先,需要明确的是,本书所论述的农民种植结构调整行为是指与上年相比农户当年是否减少玉米种植面积,可分为两种情况:一是与上年相比农户调减了玉米播种面积，二是与上年相比农户并未减少玉米播种面积（包括面积保持不变和增加两种情况）。在社会主义市场经济条件下，农民是以家庭为单位生产经营的主体，粮食生产行为完全由农民自行决定（童馨乐等，2019；祝华军等，2018）。其中，提高经济效益，追求利益最大化是农民粮食生产的基本目的（林海，2003；刘克春，2010）。因此，本书基于农户追求利润最大化的"理性经济人"假设进行研究。基于"理性经济人"假设，农户为追求利益最大化会根据市场信息形成价格预期，在此基础上形成预期收益，最终做出相应生产决策。因此，农户种植结构调整行为主要取决于农户对玉米种植收入的预期及对替代作物收入的预期的理性判断。如果农民对玉米生产的预期收益高于替代作物，农民将倾向于不调减玉米播种面积；如果对玉米生产的预期收益低于替代作物，农民将倾向于减少玉米播种面积，改种大豆等其他作物。

决定农民对玉米收益预期的关键指标之一是玉米销售价格。在玉米交易过程中，当价格发生变动时，需求会立刻作出反映，而供给却不能立刻作出反映，农产品的供给变动会出现"时滞"。农民作为市场的单个供给者，无法影响市场价格，只能被动接受价格。在这种情况下，只能根据上一年度玉米的市场价格来决定本年度玉米的种植情况，而本年度的粮食需求量又取决于本期的价格。具体来看，上一年玉米销售价格越高，农民对当年玉米收益的预期越高，农民越不倾向于调减玉米播种面积；反之，上一年玉米销售价格越低，农民越有可能减少玉米播种面积。在现行玉米收购价格政策下，政府给予农民一定额度的生产者补贴。从收益的角度讲，生产者补贴可以直接增加农民收益水平。从农民的生产决策看，由于临时收储政策时期农民获得的补贴内化在临时收储价格之上，农民按照每年公布的临时收储价格安排生产。临时收储政策取消后，尽管玉米价格回归市场，但是国家会向农民发放玉米生产者补贴，当农民获取玉米专项生产者补贴后，把它折算成价格附加在市场价格上，形成新的收购价格——"生产者引导价格"，即在玉米"价补分离"政策下，引导农民生产决策的价格是把生产者补贴内化到市场价格内的生产者引导价格。生产者引导价格由"价补分离"政策产生，其中涵盖市场价格和生产者补贴，因此本书用该变量衡量"价补分离"政策。根据前文分析可知，前一期生产者引导价格越高，农民对当期的玉米生产收益的预期越高，农民调减玉米播种面积的可能性越小，反之，农民调减玉米播种面积的可能性越大。综合上述分析于讨论，此处提出需要进一步借助实证分析检验的研究假说：

玉米"价补分离"政策对农民种植结构调整行为的影响主要通过生产者引导价格来实现，前一期生产者引导价格越高，农民调减玉米播种面积的可能性越小，反之则越大（图 5-2）。

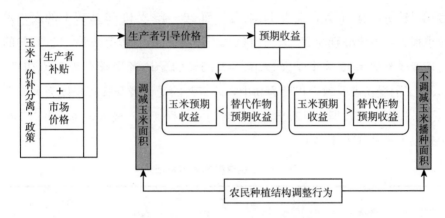

图 5-2　玉米"价补分离"政策对农民种植结构调整行为的作用路径

生产者引导价格通过影响玉米预期收益进而对农民玉米生产决策发挥重要作用。除此之外，影响农户玉米预期收益因素有很多，如玉米生产成本和玉米单产水平：上一年玉米单产越高，玉米生产成本越低，农户预期的玉米收益越高，农户越不倾向于调减玉米播种面积。鉴于在东北地区玉米和大豆具有较强替代效应，本节选取大豆作为玉米的替代作物，大豆单价和大豆单产是影响大豆预期收益的主要变量，上一年大豆单价越高，大豆单产越高，大豆对玉米的替代性越强，农民越倾向于减少玉米面积，转而增加大豆面积的可能性越大。

5.2.2　实证证据

5.2.2.1　数据、变量与模型

为明晰玉米"价补分离"政策对玉米非核心产区农民种植结构调整行为

的作用机理，本节利用的数据为剔除进行休耕轮作试点（敦化市与和龙市）后的吉林省非核心产区样本，即大安市、通榆县、乾安县、长岭县 4 个县（市），有效样本 218 户，数据时间跨度为 2017—2018 年，考虑到模型中包含滞后解释变量，因而还用到 2016 年的部分数据。从调查样本的性别来看，61.93％的受访者为男性，38.07％的受访者为女性，在样本中男性占比较大。从年龄来看，受访者年龄多集中于 46～65 岁，受访者年龄相对较大，46～65 岁的受访者有 90 人，占调研样本总数的 41.28％，25 岁以下的受访者相对较少，有 25 人，仅占 11.47％。而 26～45 岁和 66 岁以上的农户占比也很大，占比分别为 22.94％和 24.32％。从受教育程度来看，32.11％的受访者受教育程度为小学及以下，47.25％的受访者受教育程度为初中，11.47％的受访者受教育程度为高中，9.17％的受访者受教育程度为大专及以上。根据调查数据不难看出，受访者的文化程度相对较低，主要集中于初中及以下水平（表 5 - 7）。

表 5 - 7　调查样本基本特征

项目	选项	频数（户）	占比（％）	项目	选项	频数（户）	占比（％）
性别	男	135	61.93	受教育年限	6 年及以下（小学及以下）	70	32.11
	女	83	38.07		7～9 年（初中）	103	47.25
年龄	25 岁以下	25	11.47		10～12 年（高中）	25	11.47
	26～45 岁	50	22.94		13 年及以上（大专及以上）	20	9.17
	46～65 岁	90	41.28				
	66 岁以上	53	24.32				

数据来源：根据实地调研整理计算所得。

　　在本书中，因变量为玉米非核心产区样本农户是否调减玉米播种面积，用 0—1 虚拟变量表示。若样本农户当年减少玉米播种面积，赋值为 1，没有调减玉米播种面积（包括面积保持不变和增加两种情况）赋值为 0。核心政策变量为预期生产者引导价格，其他解释变量包括预期玉米生产成本、预期玉米单产、预期大豆单产、预期大豆单价。此外，借鉴以往研究，为防止因遗漏重要解释变量导致估计结果偏差，本书控制了调查样本的年龄、文化程度、性别等变量。被解释变量和解释变量的含义、赋值与基本统计特征如表 5-8 所示。

表 5-8 各变量含义、赋值与基本统计特征

变量	变量名称	含义及赋值	观测值	均值	最大值	最小值
因变量	是否调减玉米播种面积（sad_i）	与上年相比，当年农民玉米面积变化情况。1=是；0=否（包括面积保持不变和增加）	436	0.52	1	0
核心政策变量	预期生产者引导价格（pp_i）	上一年各地区市场价格加上生产者补贴之后的价格（元/千克）	436	1.54	1.98	1.05
其他解释变量	预期玉米单产水平（puy_i）	上年实际玉米单产（千克/公顷）	436	9 500	11 000	9 100
	预期玉米生产成本（ppc_i）	上年实际玉米生产成本（元/千克）	436	11 600	12 500	9 700
	预期大豆单产[①]（psy_i）	上年实际大豆单产（千克/公顷）	436	2 134.70	2 277.90	1 991.50
	预期大豆单价（psp_i）	上年实际大豆单价（元/千克）	436	3.55	3.58	3.51
控制变量	年龄（age_i）	调查样本的实际年龄（岁）	436	58	81	21
	受教育年限（edu_i）	调查样本的实际受教育年限（年）	436	8	16	0
	性别（sex_i）	女=0；男=1	436	0.63	1	0

数据来源：作者根据实地调研整理计算所得。

由于因变量的离散数值为两类，因此，本书采用二元 Logistic 模型进行分析。本书建立的计量经济模型如式（5-6）所示。

$$Logit(sad_i) = \ln\left(\frac{p_t}{1-p_t}\right) = a_0 + a_1 pp_i + a_2 puy_i + a_3 ppc_i + a_4 psy_i +$$

$$a_5 psp_i + a_6 att_i \sum_{j=1}^{\pi} b_j X_{i,j} + p_i \qquad (5-6)$$

[①] 由于有些地区的样本农户并未种植大豆作物，为获取该地区完整的大豆单产与大豆单价的数据，本书以《中国农业年鉴》及《全国农产品成本收益资料汇编》中吉林省数据代替样本农户的大豆生产状况。

其中，P_i 表示农户 i 的玉米面积受到因素 j 影响的概率。a_0 为截距参数，$a_1 \sim a_5$ 为待估参数。pp_i 代表预期生产者引导价格，puy_i 代表预期玉米单产，ppc_i 表示预期玉米生产成本，psy_i 表示预期大豆单产，psp_i 表示预期大豆单价，$X_{i,j}$ 表示相关控制变量，π 为扰动项。

5.2.2.2 回归结果

本书运用 stata15.0 软件实证分析玉米"价补分离"政策对玉米非核心产区农民种植结构调整行为的影响机制。从报告的结果来看，模型的整体显著性十分显著（$p = 0.000\,0$），拟合程度较高（$R^2 = 0.633$）（表 5-9）。

表 5-9 二元 Logistic 模型回归结果

变量	系数	标准误
预期生产者引导价格（pp_i）	−1.764***	0.456
预期玉米单产水平（puy_i）	−0.112**	0.046
预期玉米生产成本（ppc_i）	3.460***	0.821
预期大豆单产（psy_i）	2.105	1.525
预期大豆单价（psp_i）	6.428	6.071
年龄（age_i）	−2.609*	1.474
受教育年限（edu_i）	0.786	6.288
性别（sex_i）	4.899	3.558
常数	5.223	3.924
样本量	436	—

注：***、** 和 * 分别表示数据在 1%、5% 和 10% 的水平下显著。

从代表玉米"价补分离"政策的生产者引导价格来看，该变量对吉林省玉米非核心产区农民种植结构调整行为具有负向影响，且在 1% 的水平下显著，上期生产者引导价格越高，农民对当期的预期收益越高，农民调减玉米播种面积的可能性越小；反之，农民调减玉米面积的可能性越大，验证了前文提出的研究假说。自 2016 年实施玉米"价补分离"政策以来，玉米价格大幅度下跌。从实际调查数据看，吉林省玉米非核心产区 4 个县（市）的玉米平均价格为 1.27 元/千克，折合后的生产者补贴约为 0.14 元/千克，加上补贴后的生产者引导价格约为 1.41 元/千克，较 2015 年国家公布的玉米临时收储价格下降29.50%。农民对玉米生产的预期收益低于其他作物，因而2017年很多农民减少了玉米播种面积。在吉林省实地调查的538个样本中，2017年减少玉米播种面积的农民有330户，占调查样本总数的61.33%，在调减的农户中，玉米非核心产区有78.18%的农户减少玉米播种面积。2017年，玉米供求关系发生变化，玉米收购市场价格呈现上行趋势，根据实地调查数据，2017年吉林省非核心产区4个县（市）的玉米平均价格为1.65元/千克，较上年增长29.92%，折合后的生产者补贴约为0.11元/千克，当年形成的生产者引导价格为1.76元/千克，较上年增长24.82%。在高价的助推之下，2018年增加玉米播种面积的农民有254户，占调查样本总数的47.21%；玉米播种面积保持不变的农户有182户，占样本总数的33.83%；减少玉米播种面积的农民有102户，占调查样本总数的18.96%。

综合而言，玉米"价补分离"政策发挥作用的第一年（2017年），农民调减玉米播种面积的主要原因是2016年玉米价格回归市场，加上生产者补贴后的生产者引导价格较低，导致农民对2017年预期玉米种植收益远低于其他作物，在利益的驱使下，农民调减玉米播种面积改种其他作物的热情高涨。在政策发挥作用的第二年（2018年），农民提高玉米播种面积的主要原因是2017年市场供求关系发生变动，玉米市场价格趋于上行，生产者补贴的发放进一步增加了农民对2018年玉米种植收益的预期，释放了农民对玉米生产经营的强刺激，因此2018年大多数农民开始复种玉米，玉米播种面积大幅度增加，玉米供给侧结构性改革的进程受阻。

5.2.2.3 稳健性检验

为了保证估计结果的合理性，本书接下来对上述回归结果的稳健性进行检验。考虑到本书的研究目的以及数据获取便利性等方面，选取"当年玉米产量是否减少"作为被解释变量（玉米产量与玉米播种面积高度正相关），用0—1虚拟变量表示，相较上年当年玉米产量减少的农户赋值为1，相较上年当年玉米产量增加或不变的农户赋值为0，利用二元Logistic模型进行稳健性检验。如果回归结果的作用方向及大小变化与上述结果基本一致，说明回归结果较为合理，反之不合理。根据稳健性检验结果可以看出，当采用"当年玉米产量是否减少"作为被解释变量，与预期生产者引导价格进行回归分析时，预期生产者引导价格同样对玉米产量减少存在显著的负向影响，即上期生产者引导价格越高，农民播种玉米的正向激励越强，玉米产量减少的可能性越低。反之，当上期生产者引导价格越低，玉米产量减少的可能性就越高。由此可见，无论是否改变被解释变量，生产者引导价格对玉米产量或播种面积的作用方向并未产生系统性变化，影响效果大致不变。两次回归结果基本一致，证明本书所得到的回归结果是稳健可信的（表 5 - 10）。

表 5 - 10　稳健性检验的估计结果

变量	系数	标准误
预期生产者引导价格（pp_i）	−1.511*	0.876
预期玉米单产水平（puy_i）	−0.099*	0.055
预期玉米生产成本（ppc_i）	2.031	1.981
预期大豆单产（psy_i）	−0.125*	0.071
预期大豆单价（psp_i）	2.698	2.602
常数	−8.230**	3.394
样本量	436	—

注：***、** 和 * 分别表示数据在 1%、5% 和 10% 的水平下显著。

5.3 玉米"价补分离"政策有待进一步优化

由前文实证分析结果可知，玉米"价补分离"政策下形成的生产者引导价格是影响农民种植结构调整行为的重要因素，生产者引导价格越低，农民越倾向于调减玉米播种面积。基于以上研究结果，本节将重点探讨在本轮玉米收购价格政策改革推进过程中"价补分离"政策有待进一步优化的方面，明晰政策效果未达到预期目标的原因，为后续玉米收购价格政策改革方向探讨提供参考与借鉴。

从理论上讲，玉米"价补分离"政策实现了市场价格与生产者补贴的分离，随之而来的必然是政府对市场的干预减少，国内外市场价格得以理顺，农民的生产行为被合理引导，生产者面临的市场风险会有所降低。然而，实践证明，玉米"价补分离"政策对市场价格造成较大影响，对农民生产决策造成较大影响。根据玉米"价补分离"政策的内在含义，市场价格与生产者补贴是政策涵盖的两大基本要素。市场价格是由收购市场供求关系所决定的一个变量。基于本书第三章的分析，生产者补贴额是按照粮食产能因素确定的，由中央财政下拨，地方政府统筹支付的变量，除黑龙江省确定了全省统一的补贴标准外，其他三省区（吉林省、辽宁省、内蒙古自治区）的生产者补贴采用分级下拨的方式，由中央按照亩均补贴额度以及基期各省（区）玉米播种面积核定补贴金额下发至各省（区），再由各省（区）按照各市面积、产量等指标确定补贴额度下发至市（县），各市（县）下发至县（市）的补贴额度可自行确定，也可遵循市县标准下发。最终，各县（市）按照玉米实际播种面积及产量等指标确定农民每公顷可获得的生产者补贴标准。

经过科学、缜密测算的生产者补贴对农民释放怎样的信号？前已述及，农民在进行生产决策时会将生产者补贴"换算"成价格，附加在市场供求关系形成的真实价格之上。这个价格便是前文提及的生产者引导价格。此价格是供给市场上引导农户下一年度生产行为的真实价格。回归市场后的价格与年际弹性的生产者补贴最终使供给市场上的生产者引导价格波动起伏。以农户玉米生产达到基准收益时的价格作为基准，假设该价格在短期内年际无差别。若当年市场价格显著走低，低于基准收益价格，即使加上补贴后，生产者引导价格仍然较基准收益价格低。这意味着，生产者引导价格难以保障农民的基本收益，农民种粮积极性下降，玉米供给动力不足。若当年市场价格高位运行，并高于基准收益价格，按照政策设计，国家仍然给予农民一定额度的生产者补贴，那么，供给市场上形成的生产者引导价格会显著高于基准收益价格。在此价格下，玉米生产者获取了虚高的玉米种植收益。在利益的驱使下，农民的生产决策行为受到强刺激，农民种植玉米的积极性高涨，最终导致玉米供给过剩。从实践来看，2018年玉米播种面积有所回弹的根源在于，在玉米市场价格趋于上行的情况下，国家本该根据市场价格适当调整生产者补贴的标准，但是在制定补贴标准时国家并未将市场价格考虑其中，导致预期生产者引导价格偏高，农民对2018年玉米种植收益高预期刺激了农民对玉米种植的积极性，最终导致2018年玉米播种面积大幅度增加。

由上述分析可知，玉米"价补分离"政策按照粮食产量因素分配生产者补贴资金的方式较为粗放，缺乏一定的灵活性，生产者补贴标准中仅考虑了各地玉米播种面积及玉米产量指标，未将市场价格纳入其中，使得生产者补贴标准无法根据市场价格的变动调整，不能有效管理农产品价格风险。在实践中，这种政策设计对供给市场上的价格造成较大影响，加剧了市场价格风险。

5.4 本章小结

本章运用吉林省和河南省的田野调查数据，利用经典 DID 模型，识别了玉米"价补分离"政策在不同年份、不同区域对玉米播种面积的净影响。在此基础上，基于农户行为理论模型，再次运用调查数据，利用二元 Logistic 模型构建"生产者引导价格"，重点剖析"价补分离"政策对农民种植结构调整行为的影响机制。在实证论证"价补分离"政策与农民种植结构调整之间的影响程度与作用机制后，从政策内在机制出发，挖掘政策效果不理想的原因，分析政策存在的不足之处。本章主要得出以下几点初步结论：

第一，玉米"价补分离"政策对玉米播种面积的影响在时间维度和区域维度上具有较强异质性。在政策发挥效果第一年（2017 年），该政策对玉米播种面积具有负向影响，表明该政策具有明显调减玉米播种面积的效果，而在第二年（2018 年），该政策对玉米播种面积的影响由负变正，表明"价补分离"政策对玉米播种面积具有较大的正向冲击。同时，该政策对玉米非核心产区的影响程度大于核心产区。

第二，玉米"价补分离"政策对农民种植结构调整行为的影响通过生产者引导价格来实现，上期生产者引导价格越高，农民当期调减玉米播种面积的可能性越小，这与理论分析较为一致。从实际看，2017 年玉米市场价格趋于上行，生产者补贴的发放导致生产者引导价格偏高，由此释放了农民对玉米生产经营的强刺激，这是 2018 年玉米非核心产区玉米播种面积回弹的主要原因。

　　第三，基于玉米"价补分离"政策进一步研究后发现，玉米"价补分离"政策存在的不足之处是：该政策按照粮食产量因素分配生产者补贴资金，无法根据市场价格的变动进行调整，供给市场上引导农民生产决策的价格被失灵的生产者引导价格所代替，最终导致农民难以合理优化正常市场机制下应有的生产决策。

6 玉米收购价格政策改革的进一步深化

通过前文的分析可知，以"价补分离"政策为核心举措的玉米收购价格政策改革经过四年探索（2016—2019 年），总体上取得了一些成效，但是改革并不彻底，缺乏弹性的生产者补贴较难根据市场价格的变动进行调整。如何进一步深化玉米收购价格政策改革是本章要回答的关键问题。最低收购价政策、临时收储政策、"价补分离"政策和目标价格政策是我国粮食收购价格政策体系的重要组成部分。依靠市场力量和市场手段，减少价格扭曲是玉米收购价格政策改革的主要思路（普冀喆等，2019；刘慧，2015）。通常来讲，实施一项新政策往往是为了解决原有政策引发的问题（王瑞祥，2003），那么，若要考察目标价格政策能否替代"价补分离"政策，首先需要弄清楚的是目标价格政策与"价补分离"政策存在哪些异同，它能否有效填补玉米"价补分离"政策的不足之处？

国外实践证明，目标价格政策是一种包含价格保障机制的弹性补贴政策，能够有效减少农民面对的市场风险，在发挥机制的作用、管理价格风险、提高财政补贴效率、规避 WTO 规则约束等方面取得很好的效果（齐皓天等，2016）。追溯我国粮食收购价格政策的演进轨迹，2014 年国家首次在东北地区推行大豆目标价格改革试点，旨在缓解托市政策对市场的影响。然而，大豆目标价格政策进展并不顺利，初试即止。此后，学者们对目标价格政策的态度逐步由肯定转向否定（柯炳生，2018），由此也使该政策无法纳入粮食政策改革的议程。大豆目标价格政策为何终结？是目标价格政策"水土不服"还是在起点上就忽视了政策的"水土"条件？这些问题也需要进一步分析与探讨。

基于上述分析，本章首先从经济学视角对比目标价格政策与"价补分离"政策的作用原理，并基于政策原理剖析两个政策在完善玉米价格形成机制、保障农民基本收益和引导农民合理安排生产方面产生的不同影响效果，厘清目标价格政策能否有效填补"价补分离"政策的不足之处，找到进一步深化玉米收购价格政策改革的靶向措施。其次，从大豆目标价格政策在国内的实践历程入手，深入分析政策终结的主要原因。

6.1 目标价格政策与"价补分离"政策的经济学比较

在我国粮食收购价格政策体系内，"价补分离"政策和目标价格政策是其重要组成部分。根据经济合作与发展组织（OECD）的分类，"价补分离"政策和目标价格政策都属于直接补贴政策，也有学者认为"价补分离"政策从属于目标价格政策的范畴（王文涛等，2019）。虽然两个政策存在诸多相似之处，但是却具有本质区别，作用效果也相差甚远。本节从经济学视角分析目标价格政策和"价补分离"政策的作用原理，并考察两个政策释放的作用效果，以明确这两个政策的优劣之处。

6.1.1 目标价格政策与"价补分离"政策的作用原理比较

如图 6-1 所示，在玉米临时收储政策时期，假设国家公布的玉米临时收储价格为 P_s，需求曲线为 D_1D_2，供给曲线为 S_1S_2，供给量为 Q_s，此时的农民收益为 $P_sO_2S_2$。玉米临时收储政策取消，玉米价格由市场供求关系决定，生产者随行就市出售玉米，临时收储政策的增收效果随之消失。此时供给曲线仍然是 S_1S_2，需求曲线变为 D_1D_3，市场价格下降为 P_0，供给量由 Q_s 减少为 Q_0，农民收益由 $P_sO_2S_2$ 减少至 $P_0O_1S_2$。根据"价补分离"政策的核心要义，在价格回归市场之后，国家财政会对生产者进行一定额度的补贴。由于生产者补贴是玉米的专项补贴，农民会将生产者补贴折成价格附加在市场价格之上，此时引导农民生产决策的价格变为生产者引导价格，用 P_p 表示。若生产者引导价格为 P_{p1}（低于临时收储价格 P_s），供给量会从临时收储时期的 Q_s 减少为 Q_{p1}，相当于供给曲线 S_1S_2 右移至 S_3S_4，右移幅度为单位面积（产量）的生产者补贴标准。此时，农民种植玉米收益为 $P_{p1}O_3S_2$，较临时收储政策时期的收益减少了 $P_sO_2S_2 - P_{p1}O_3S_2$。若生产者引导价格为 P_{p2}（高于临时收储价格 P_s），供给量会从临时收储时期的 Q_s 增加至 Q_{p2}，相当于供给曲线 S_1S_2 右移至 S_5S_6，右移幅度为单位面积（产量）的生产者补贴标准。此时，农民种植玉米收益为 $P_{p2}O_4S_2$，相较临时收储政策时期高了 $P_{p2}O_4S_2 - P_sO_2S_2$。

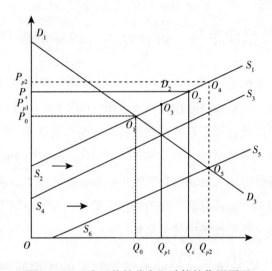

图 6-1 玉米"价补分离"政策的作用原理

目标价格政策的核心在于，农产品价格形成不受政府干预，完全由市场供求关系决定，依靠目标价格释放价格信号引导市场预期，通过市场价格与目标价格的差价补贴保护生产者利益。假定玉米市场是完全竞争市场，供求曲线均为线性，供给曲线用 S_1S_2 表示，需求曲线用 D_1D_2 表示，市场均衡价格和产量分别为 P_0 和 Q_0。目标价格政策的作用原理如下：在农民进行春播之前，国家公布一个玉米目标价格，用 P_t 表示。当市场价格高于目标价格时（$P_0 > P_t$），国家不启动目标价格政策，无须发放任何补贴，生产者完全按照市场价格销售玉米，在供给市场上，农民面临的价格为 P_0，玉米供给量为 Q_0，农民种植玉米的收益为 P_0ES_2；当市场价格低于目标价格时（$P_0 < P_t$），目标价格政策得以启动，国家向农民发放 $P_t - P_0$ 的差额补贴。市场价格与差额补贴成反向变动，市场价格越低，农民获得的差额补贴越

高。在供给市场上，农民面临的实际价格由市场价格 P_0 变为目标价格 P_t，供给曲线变成一条垂直线 S_3，玉米供给量由原来的 Q_0 上涨至 Q_t。目标价格下的收入是农民获得的全部收入，即 $P_tE_1S_2$（图 6-2）。

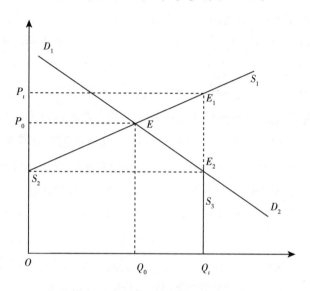

图 6-2　玉米目标价格政策的作用原理

6.1.2 目标价格政策与"价补分离"政策的作用效果比较

根据第 3 章的分析，目前玉米收购价格政策改革主要的目标是完善玉米价格形成机制，保障农民基本收益和调整种植结构。基于上述三个目标，本节着重分析目标价格政策的预期效果与影响，并与"价补分离"政策的实施效果进行比较。

第一，完善玉米价格形成机制。自 2004 年以来，国家加大对粮农收益的保护力度，相继出台粮食最低收购价政策、临时收储政策等以"托市价格"为主要政策手段的粮食价格支持政策。实践表明，以价格支持为手段的政策忽视了市场价格形成机制，资源配置难以实现帕累托改进。完善价格形成机制，充分发挥市场在配置资源方面的决定性作用是国家进行玉米收购价格政策改革的总方向（刘慧，2016）。玉米"价补分离"政策和目标价格政策是价格和补贴相分离的直接补贴政策，这意味着，政策实施后，玉米价格形成不再受政府干预，价格完全由市场供求关系决定。相较最低收购价政策和临时收储政策，目标价格政策与"价补分离"政策是减少政策干预、推动价格形成机制改革、深化市场经济体制改革的有力举措。

第二，保障农民基本收益。在大多数行业，市场风险都是由市场主体全部承担。农业生产自然风险高及弱质性等特点导致我国农产品在市场竞争中并不具有价格优势。鉴于农业生产的特殊属性，国家对少数农产品生产给予适当保护。但是，玉米收购价格政策不能过多承担保收入的功能，否则将会对资源配置造成扭曲。保障种粮农民特别是粮食主产区农民的基本收益，是调动和保持其粮食生产积极性的根本保证，也是我国粮食战略的重要内容（詹琳等，2015）。目标价格政策具有反周期支付的特点，在目标价格水平确定的情况下，市场价格与差额补贴成反向变动，市场价格越低，农民获得的差额补贴越高；市场价格越高，农民获得的差额补贴越低，甚至会出现差额补贴为零的情况。反周期支付的存在，既能让差额补贴根据市场变动而弹性变动，提高补贴效率，而且能在较大程度上规避市场价格风险对农民种植收益的冲击，使农民实际获得的最低收益维持在目标价格的水平之下，即图 6-2 中的 $P_tE_1S_2$。换言之，目标价格着眼于为农户提供长期稳定的基本收益保障。而"价补分离"政策保障农民收益的效果非常不稳定。玉米生产者补贴是按照粮食产能因素事先确定的一个变量，其中仅考虑了各地玉米播种面积和玉米产量等指标，并未考虑市场价格的变化，无法根据市场价格进行调整，导致在市场价格下行时，保障农民收益的政策效果很有限，即图 6-1 中的 $P_{p1}O_3S_2$；在市场价格上行时，保障农民收益的政策效果过于强劲，即图 6-1 中的 $P_{p2}O_4S_2$。可见，在玉米"价补分离"政策下农民的玉米种植收益在年际呈现较大波动。综合来看，玉米目标价格政策对农民基本收益的保障比"价补分离"政策更稳定。

第三，引导农民生产决策。在农业供给侧结构性改革大背景下，调整和优化农业种植结构，指引玉米非核心产区农民退出玉米生产转而增加大豆、杂粮等作物的播种面积，是目前我国农业经济发展中的一项重要工作。根据目标价格政策的作用原理分析，农民面临的供给价格可能是目标价格（市场价格＜目标价格），也可能是市场价格（市场价格＞目标价格）。市场价格由市场供求关系决定，与目标价格之间相互独立。目标价格是政府依据不同时期政策调控的目标取向，以市场价格为基准，综合政府调控目标、国内外市场供需状况、生产成本等因素确定的参数价格水平。目标价格游离于玉米供给市场之外，致力于向农民释放正确的价格信号[①]。目标价格政策发挥事前调节作用的第二个关键点在于目标价格公布是否及时，能否给予农民足够的决策与备耕时间。目标价格公布时间越晚，政策实效性与指导性越微弱，这点从我国大豆目标价格改革试点便有所体现。如前分析，大豆目标价格公布时间集中在每年4月至5月，此时农民早已购买完种子、化肥等农资。若有农民重新调整生产计划，必然要花费更多的生产成本。而东北地区玉米种植也集中在4月至5月，早在春节前后很多农民就已开始为春耕生产做准备。结合玉米种植特性，目标价格要在农民备耕前（当年1月至2月，最晚至当年3月）公布，使目标价格"一年早知道"，及时向农民发出市场信号，给予农民足够时间调节资源配置。从理论上讲，在玉米"价补分离"政策下，玉米价格的形成完全交由市场决定，可减少对玉米市场的调控与干预，完善价格形成机制后自然对农民生产决策产生正确引导。然而，"价补分离"政策实施后，农户所获得的实际价格为出售玉米时的市场价格加上当年发放的生产者补贴后的生产者引导价格。该价格改变了供给市场上的价格，加剧了市场价格风险，玉米产量忽高忽低。由上述分析可知，相较于玉米"价补分离"政策，目标价格政策通过及时公布科学的目标价格的方式向农民释放价格信号，减少了政策对供给市场价格的干预，引导农民合理安排生产，实现了事前调节的作用（表6-1）。

表6-1　目标价格政策与"价补分离"政策作用效果比较

作用效果类别	目标价格政策	"价补分离"政策
完善价格形成机制	价格回归市场，完善了价格形成机制	
保障农民基本收益	稳定	不稳定
引导农民生产决策	合理	不合理

---

① 目标价格测算是玉米目标价格政策能否实施的关键之一。关于玉米目标价格测算的难点及破解，将在本书第8章进行详细分析。

综合上述分析与讨论，目标价格政策与"价补分离"政策的相同之处在于：两个政策都属于价格与补贴分离的直接补贴政策，政策实施后，玉米定价权回归市场，很大程度上完善了市场价格形成机制，同时国家向农民发放一定额度的补贴，以防止政策实施区域农民的玉米种植收益受损。二者的不同之处在于：玉米目标价格政策与玉米"价补分离"政策具有不同的作用机制，"价补分离"政策中的"价"（即生产者引导价格）既不是一年早知道的"价"，也不是保障农民基本收益的"价"。在"价补分离"政策框架下，生产者引导价格未能真实反映供给市场上的价格，具有较大的市场风险。与之相反的是，玉米目标价格政策中的"价"（即目标价格）是一年早知道的"价"，同时也是使生产者获得基本收益的"价"，这个价格游离于玉米供给市场之外，着眼于为农民提供基准收益，致力于向农民发放生产决策信号。所以，目标价格政策有效填补了"价补分离"政策的不足之处，在保障农民基本收益、引导农民合理安排生产方面更具有优越性。综合考量，目标价格政策更符合市场经济的要求，它是完善农产品价格形成机制、保障农民基本收益、引导农民合理安排生产的优选方向，是进一步深化玉米收购价格政策改革的靶向措施。

6.2 对目标价格政策的讨论

《国家粮食安全中长期规划纲要（2008—2020）》提出："借鉴国际经验，探索研究目标价格补贴制度，建立符合市场化要求、适合中国国情的新型粮食价格支持体系，促进粮食生产长期稳定发展"。这是我国首次提出"目标价格政策"这一概念。2014年，中央1号文件正式提出，在东北地区及新疆地区分别实施大豆目标价格政策试点和棉花目标价格政策试点。纵观改革多年实践效果，棉花目标价格政策取得了一定成效，但它是在特定区域下进行的，对其他地区和作物没有可复制性，而大豆目标价格政策的实施效果并不理想，尚未达到预期目标，最终在2017年被"价补分离"政策所替代。在此之后，很多学者对目标价格政策失去信心。一般来看，若一项政策的终结是由政策内部机制等根本性因素导致的，这意味着该政策缺乏可行性；若该政策的终结是由政策设计不完善、操作流程不规范、缺少相关配套措施等外在因素造成的，表明该政策存在实施的可能性，关键在于在实践中规避上述问题，提高政策效率。遵循这个研究思路，找到症结所在，才能判断玉米目标价格政策在我国是否行得通。为此，本节通过梳理大豆目标价格政策的实施历程，对由大豆目标价格政策引发的争议进行归纳总结，在全方位探究大豆目标价格政策终结原因的基础上，进一步对相关争议进行辨析与回应。

6.2.1 大豆目标价格政策的实施历程

始于 2008 年的大豆临时收储政策旨在保障农民种粮积极性、稳定大豆供给，该政策的操作流程与玉米临时收储政策一样，由国家发展和改革委员会根据具体的市场情况，制定当年实行一次或者多次的临时收储价格和收储量，并委托国有粮食企业按照临时收储价格收粮，该政策制定初期是为稳定粮价制定的应急性政策。从 2009 年开始，国家改变收购方式，由原来的定量收购变为敞开收购。2008 年 1 月至 2009 年 6 月全国收购大豆 725 万吨，达到历史最高值，是政策覆盖区域大豆总产量的 90% 左右（杨树果，2014）。随着大豆进口增加和国产大豆产能萎缩，全国大豆收购量随之下降。2009 年大豆收购量为 276 万吨，2012 年下降至最低，仅为 81 万吨，2008—2013 年累计大豆收购量为 2 073 万吨。从收购价格看，政策实施以来，临时收储价格逐年提升，大豆临时收储价格采用统一定价原则，2008 年国家公布的大豆临时收储价格为 1.85 元/千克，到 2013 年上涨至 2.30 元/千克，涨幅为 24.32%。经过六年实践，大豆临时收储政策在保障农民种植收益方面并未发挥作用，导致大豆生产积极性较低，大豆增产效果不明显。逐年攀升的大豆临时收储价格导致国内外大豆价格倒挂严重，大豆进口量激增，国产大豆积压粮库，国家财政压力剧增，同时以大豆为原料的下游产业成本骤增（柳苏芸，2014）。

为减少政策对价格形成机制的影响，激发农民生产大豆的积极性，提高大豆有效供给，解决农产品国内外价格倒挂、库存积压、下游企业亏损严重等难题，2014 年中央 1 号文件提出，取消大豆临时收储政策，在东北地区实施目标价格政策。这是中国粮食收购价格政策改革的一次重要尝试，其关键在于将临时收储价格中的"保收益"功能剥离出来（徐田华，2018）。在市场价格由市场形成的基础上，国家事先确定一个价格，这个价格就是目标价格。试点阶段采取"生产成本＋基本收益"的方法确定目标价格水平，由国家发展和改革委员会牵头制定，一年一定。2014—2016年，国家公布的大豆目标价格均为4 800元/吨。市场价格来自采价点内粮食收储企业、大豆加工企业在采价期内收购大豆的平均价格。目标价格差额补贴由当年公布的目标价格与采集的市场价格决定，补贴发放依据为农民当年实际大豆播种面积。当市场价格高于目标价格时，目标价格政策不被触发；当市场价格低于目标价格时，目标价格政策被触发，国家按照二者差额与大豆实际播种面积的乘积将差额补贴发放给农民。

2017年国家决定调整完善东北地区大豆价格政策，在继续实施玉米"价补分离"政策的同时，将原在东北地区实施的大豆目标价格政策改为"市场化收购＋补贴"的"价补分离"政策。这标志着，在我国实践三年的大豆目标价格政策退出了历史舞台。

6.2.2 由大豆目标价格政策引发的讨论

国内关于目标价格政策的研究起步较晚，自2008年被国家提出后，学者们的研究视角逐渐转向目标价格政策，2014年正式启动农产品目标价格政策试点后，围绕目标价格政策的研究进一步增加。实际上，在目标价格政策改革试点初期，国内众多学者对目标价格政策持肯定与支持态度：程百川（2016）认为，全面构建具有竞争力的农产品补贴体系，提高产业市场化程度的重要举措便是引入目标价格政策。李光泗（2014）认为，目标价格政策被看作是对于托市收购的一种重要的"替代政策"。目标价格补贴政策在发挥市场形成价格的基础性作用，保护农民收益，盘活产业链上下游产业等方面具有显著成效（翟雪玲等，2015）。建立粮食目标价格政策是完善我国农业支持保护政策、优化我国农业补贴政策的有效选择（冯海发，2014）。实施以直接收入补贴为特点的粮食目标价格政策可以发挥市场配置资源的决定性作用，适合我国农业补贴政策的发展规律，是今后我国粮食价格支持制度调整的基本方向（程国强，2014；钟钰等，2014；詹琳等，2015）。通过探索农产品目标价格补贴政策，不断积累操作经验，再逐步推广到其他重点农产品品种（程国强，2014）。然而，在大豆目标价格改革试点搁浅之后，学术界关于目标价格补贴政策的研究明显减少，学者们对目标价格政策的态度也逐步变成否定，并且对"目标价格政策在我国的可行性"提出争议与质疑。蔡海龙等（2018）通过构建 EDM 模型实证分析发现，大豆目标价格政策经济效率不高，会对财政造成巨大福利损失，政府补贴支出的 35.5% 是不必要的。田聪颖等（2018）质疑目标价格政策的有效性，认为以大豆生产者补贴替代目标价格政策是当下较为适宜的调整思路。陈菲菲等（2016）、顾智鹏等（2016）和李光泗（2014）等对政策实施的成本问题表示担忧，认为大豆目标价格政策在实施中产生了巨额的政策成本，给国家财政造成严重负担。

6.2.3 大豆目标价格政策退出的原因分析

大豆目标价格政策是我国粮食收购价格政策市场化改革的一次尝试。尽管大豆目标价格政策以一纸公文退出历史舞台，但是，其中仍有一系列问题需要研究。首先需要弄明白的是，大豆目标价格政策为何终结？一项政策的终结未必是一件坏事，应当将其看作是一种积极的政策变迁（田聪颖，2018），并总结政策失败的深层原因，吸取教训，在后续改革中避免类似情况发生。大豆目标价格政策终结的原因有以下四点。

第一，大豆目标价格水平过低，难以激发农户的生产积极性。玉米临时收储政策时期，在居高不下的临储价格推动下，玉米与大豆比较收益相差悬殊，很多农民将本该种植大豆的区域改种玉米。为刺激农民种植大豆的积极性，促进大豆产量增加，大豆目标价格政策应运而生。然而，大豆目标价格政策实施后，由于国家公布的目标价格水平过低，大豆与玉米比较收益的悬殊关系未得到改善。以黑龙江省为例，2014 年黑龙江省玉米临时收储价格为 2.22 元/千克，大豆目标价格为 4.80 元/千克，剔除生产成本后，大豆亩均收益为 217.04 元，玉米亩均收益为 348.30 元。这意味着，农民种植一亩玉米获得的收益比种植一亩大豆多 131.26 元，大豆目标价格至少要提高至5.90 元/千克，种植大豆的亩均收益才能与玉米持平。2015 年，黑龙江省大豆目标价格水平仍为 4.80 元/千克，农民种植一亩玉米获得的收益比种植一亩大豆多 41.29 元（表 6-2）。在大豆收益处于劣势的情况下，大豆播种面积不增反降。从宏观统计数据看，2014 年黑龙江省大豆播种面积为 279.3 万公顷，至 2015 年下降为 266.1 万公顷，与上年相比下降 13.2 万公顷，降幅为 4.73%。而玉米播种面积由 2014 年的 670.8 万公顷上涨为 2015 年的 736.1 万公顷，涨幅达 9.73%。根据程继斌（2016）在吉林省调研后提供的数据，2010 年某村屯大豆播种面积占粮食总播种面积的 80%，2014 年该村屯大豆播种面积占比下降至 30%，至 2016 年该村屯中已经没有农民选择种植大豆。

表 6-2　2014—2015 年黑龙江省玉米与大豆成本收益情况

年份	2014		2015	
作物	大豆	玉米	大豆	玉米
单产（千克/亩）	119.18	409.72	118.97	405.89
单价（元/千克）	4.80	2.22	4.80	2.00
生产成本（元/亩）	355.02	561.28	354.92	554.35
亩均收益（元/亩）	217.04	348.30	216.14	257.43

　　数据来源：布瑞克农业数据库。

　　第二，采集的市场价格偏离实际价格。按照政策文件规定，国家采集各省（区）国标中等大豆到库（厂）的平均收购价格作为核定目标价格差额补贴的市场价格，采价期为当年 10 月至次年 3 月。在实际采集过程中，采集的市场价格偏离真实水平，补贴效率被拉低。例如，2014 年国家发展和改革委员会监测的黑龙江省大豆市场价格为 4 244 元/吨，而实地调研获得的农户销售价为 3 900 元/吨（陈菲菲等，2016）。农民本该获得的补贴标准为 900 元/吨，而实际补贴标准仅为 556 元/吨，农民的目标价格差额补贴被摊薄。另外，若监测的市场价格低于实际销售价格，农民获得高于实际的补贴，财政支出被扩大。

　　第三，粗犷的补贴方式抑制农户集约生产。按照大豆播种面积发放补贴的方式忽视了每个农户的大豆产量，阻碍了大豆增产目标的实现。以吉林省为例，2013年大豆单产高的地区每亩产量为615斤，单产低的地区每亩产量仅为227斤，低产地区每斤获得的补贴是高产地区的2.7倍（程继斌，2016）。这意味着，在单产高的地区，农民获得的单位补贴额度被摊薄；在单产低的地区，农民获得的单位补贴额度被提高。在利益的驱使之下，单产较低的农户会倾向于扩大大豆播种面积。单产较高的农户种粮积极性被挫伤，进而倾向于缩减大豆播种面积。一言以蔽之，这种以播种面积为依据发放补贴的粗放方式，难以对农民生产行为发挥正确引导作用，抑制了高产农户扩大经营规模，阻碍了大豆增产目标的实现。

第四，在执行操作层面，目标价格公布时间较晚，执行成本过高。2014年国家公布大豆目标价格的时间为5月7日，2015年国家公布目标价格的时间为4月28日，较2014年提前9天，2016年为4月1日。虽然东北地区粮食生产时间集中在每年的4月至5月，看似在农民耕种时节公布目标价格较为合适。但是早在每年春节左右（1月至2月），多数农民就已经开始为春耕做准备。试点时期公布目标价格的时间晚于农民备耕时间，因此指导农民生产的作用较弱。此外，在发放补贴前，基层工作人员需要挨家挨户调查、核实种植面积，不仅耗费大量人力物力，而且部分地区会出现重复核实面积的情况，为此国家付出了较高的操作成本。陈菲菲等（2016）通过实地调研发现，黑龙江省某市不含人工成本的大豆目标价格补贴调查核实费用高达31.47万元。顾智鹏等（2016）根据黄季焜计算棉花目标价格政策操作成本的方法，估算大豆目标价格政策执行成本高达9.83亿元。此外，为防止试点实施区域以外的大豆流入东北地区，交通部门需要在一些主要通道登记运输大豆的车辆，加工企业也需要专人负责甄别（蒋黎，2016），这些工作也是操作成本的一部分。

6.3 本章小结

考虑到玉米"价补分离"政策在实践中引发了诸多问题，因此需要进一步深化玉米收购价格政策改革。本章从经济学视角对比分析了目标价格政策与"价补分离"政策的作用原理与作用效果。结果表明，目标价格政策与

"价补分离"政策都能完善玉米价格形成机制，但是目标价格政策在保障农民基本收益、引导农民合理安排生产方面更具有优越性，有效填补了玉米"价补分离"政策的不足之处。在此基础上，对我国大豆目标价格政策进行深入讨论后发现，大豆目标价格政策终结的主要原因是政策设计不完善、操作流程不规范、缺少相关配套措施。这为玉米目标价格政策的实施提供了借鉴与参考。综合上述分析与探讨，推动玉米"价补分离"政策向玉米目标价格政策的转变具有现实可行性。

7

目标价格政策实施的
国际经验及启示

目标价格政策在发达国家已是一项较为成熟的政策，最早的雏形是美国1938年《农业法案》建立的平价差额补贴，后来在1973年以"目标价格政策"的名称被正式提出。为保障农民基本收益，美国政府制定了详细的农产品目标价格制度规定与调控措施，并积累了丰富经验。尽管我国农业发展水平、资源禀赋、农业生产特征等方面与美国存在较大差距，但是保障农民基本收益、保护农民种粮积极性、保障国家粮食安全的政策目标是基本相同的，而且政策对象的基本特征——农业的基础性和弱质性是一致的（张千友，2011）。因此，美国农产品目标价格政策对我国玉米目标价格政策的发展具有一定借鉴意义。

纵观日本与韩国农业补贴政策的发展历程，农产品目标价格政策出台相对较晚，实施时间不长，依然处于探索阶段。但是，中国、日本与韩国均位于东亚地区，其农村经济结构与农业生产方式存在诸多共同特性，农业经营主体都是以小农户为主，土地细碎且分散，着重分析日本和韩国农产品目标价格政策同样对我国引入玉米目标价格政策具有一定参考价值。

基于上述分析，本章选取美国、日本、韩国作为典型代表，运用历史演变法，全面剖析三个国家农产品目标价格政策的主要做法，探索政策调整背后的内在规律，明晰目标价格政策制定与操作细节，总结实践经验与启示，为实施玉米目标价格政策提供有益借鉴与参考示范。

7.1 美国农产品目标价格政策的演进脉络

美国是农业大国，其农业生产与粮食出口量一直处于世界领先地位，美国每年粮食产量约 3.6 亿吨，从出口来看，玉米和大豆的出口量位居世界第一。美国农业具有强劲竞争力得益于美国拥有成熟的农业补贴和价格支持政策，目标价格差额补贴政策在其中发挥了至关重要的作用。经过 80 多年的发展，农产品目标价格政策至今仍然是美国农业支持政策体系中不可或缺的政策，收到良好的实践效果。纵观美国农产品目标价格政策的演进脉络，目标价格政策的名称由平价差额补贴政策、目标价格差额补贴政策、反周期补贴政策逐渐演化到价格损失保障政策，其中反周期补贴政策和价格损失保障政策是目标价格政策的典型代表。如图 7-1 所示，美国农产品目标价格政策先后共经历六个阶段。

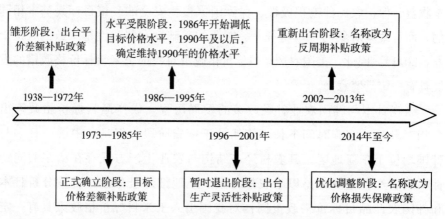

图 7-1　美国农产品目标价格政策的演进脉络

7.1.1 目标价格政策雏形阶段

1933 年，美国第一部系统的农业法诞生，称为《农业调整法》。这是美国在经济大萧条时期重振经济，加强政府对农业有效干预的主要措施。该法案提出的主要政策手段是建立"无追索权贷款"制度，即政府通过 1910—1914 年农民出售价格同购买工业品价格之间的比价确定贷款率。农场主根据该贷款率将农产品抵押给农产品信贷公司获得短期贷款。当农产品收获后，农场主自行决定还贷方式。如果市场价格高于贷款率和利息之和，农民可以择机出售粮食，最终用现金的形式还款；如果市场价格低于贷款率与利息之和，农民可选择放弃抵押品，商品信贷公司无权要求农场主还贷款，抵押品成为政府储备，进入库存。从实质来看，无追索权贷款制度类似于我国的粮食最低收购价政策，贷款率就是最低收购价。然而，由于政府公布的贷款率过高，极大调动了农民的生产积极性，农产品市场出现供过于求，进一步拉动市场价格下跌，多数农民选择放弃抵押品，大量农产品进入国家库存。为解决上述问题，美国于1938年颁布了新的《农业法案》，这是美国历史上第一个永久的农业立法。该法案首先对无追索权贷款制度的贷款率进行调整，之后对玉米、棉花、大米、烟草、小麦5种作物实行了平价差额补贴政策。平价差额补贴政策就是农产品目标价格制度的雏形。该政策的具体运行机制是当生产者获得的有效价格低于公平价格，则按照二者差额给予补贴。有效价格由市场价格与贷款率中的较高者决定；公平价格就是目标价格，其确定的方法是将农产品购买力与农户购买工业产品购买力维持在对等水平（齐皓天等，2016）。由于受到财政支出、战争等因素限制，该政策较少被触发，1964年以后该政策才得以发挥作用。

7.1.2 目标价格政策正式确立阶段

20世纪70年代以后，美国农产品大量出口，农产品市场出现供不应求的情况，农产品市场价格大幅度攀升（普冀喆等，2019），对美国消费者造成较大影响。因此，美国于1973年出台了《农业和消费者保护法》。该法案规定：无追索权贷款的贷款率由农业部以促进出口的原则灵活制定。同时，新法案中首次提出"目标价格差额补贴"的概念，用目标价格政策代替平价差额补贴政策。当农场主获得的有效价格（市场价格与贷款率中的较高者）大于目标价格时，农民自行储存农产品并随行就市出售。之后，以现金的形式将贷款归还给商品信贷公司。在这种情况下，并未触发目标价格政策。当农场主获得的有效价格（市场价格与贷款率中的较高者）小于目标价格时，政府启动目标价格政策，并按照有效价格与目标价格之间的差额发放补贴。

此时，可分为两种情况：当市场价格＜贷款率＜目标价格时，生产者可获得的差额补贴由目标价格与贷款率之差决定；当贷款率＜市场价格＜目标价格时，生产者可获得的差额补贴由目标价格与市场价格之差决定。

目标价格由生产成本（如肥料和汽油等生产性费用、利息、税收和农业工人工资等经常性开支）和单位面积产量来确定，基本计算公式是：某种粮食目标价格＝某种粮食生产成本＋合理收益。市场价格根据市场年度前 5 个月的市场平均价格确定，数据由美国农业部统计。补贴依据为 1938 年确定的基础面积乘以实际单位面积产量，此时目标价格政策采用的是完全挂钩的补贴方式。1973 年的《农业法案》中规定了 1974 年和 1975 年计划农产品的目标价格，其中小麦的目标价格水平为 2.05 美元/蒲式耳①，玉米为 1.38 美元/蒲式耳，高粱、大麦与陆地棉作物的目标价格水平综合考虑生产成本及与玉米的比价关系确定。此后，美国政府不断加大补贴力度，1977 年出台的《食物和农业法》中规定：继续执行高于贷款率的目标价格制度，以使农产品在国际贸易中更加自由地流动。1981 年出台的《农业和食物法》规定：法律继续执行目标价格和无追索权贷款的双重支持体系，同时规定农业部长可以根据生产成本的增加而提高目标价格的水平。此后，生产成本与目标价格相互促进、共同攀升。

在此阶段，目标价格政策逐渐取代无追索权贷款的主导地位，两个政策配合发挥作用，形成以补贴支持政策为主、价格支持政策为辅统筹发展的政策体系。

7.1.3 目标价格水平受限阶段

20 世纪 80 年代后期，实施高位目标价格的弊端逐渐显现：农民生产行为受到强刺激，农产品增产明显。农产品市场供过于求，市场价格增速较慢。在此背景下，大量农场主选择放弃赎回抵押品，导致美国粮食库存积压，国家财政负担沉重。因此，1985 年 12 月 23 日美国政府出台了新的《农业法案》——《食物保障法》。法案规定：将无追索权贷款转化为营销援助贷

---

① 蒲式耳为非法定计量单位，1 蒲式耳＝36.368 8 升。——编者注

款政策或贷款差额补贴政策，商品信贷公司可在库存过高的情况下拒绝回收农民抵押农产品，以减少库存压力。同时规定，1986 年以后不再根据生产成本上调目标价格，而是逐年下调；对发放补贴的基期面积实行配额计划，差额补贴只能按照不超过面积配额的实际产量发放，以促进目标价格逐渐向市场价格靠拢，抑制过度生产与国家财政负担过重。然而，政策效果并不理想，财政负担依旧很高。因此，1990 年出台的《食物、农业、资源保护和贸易法》规定：继续降低补贴基础面积，并规定按照最多不超过基础面积的 85％的实际产量发放补贴，其余 15％的面积不再享受补贴。同时决定 1990 年及以后的目标价格水平不再变动，全部确定在 1990 年的水平：小麦 4.00 美元/蒲式耳、玉米 2.75 美元/蒲式耳、大麦 2.36 美元/蒲式耳、燕麦 1.45 美元/蒲式耳，棉花 0.729 美元/磅[①]，大米 10.71 美元/英担[②]。

7.1.4 目标价格政策暂时退出阶段

WTO《农业协定》生效后，迫于国际压力，美国开始对农业补贴政策进行调整，并于 1996 年出台了《联邦农业完善与修改法》。调整的主要手段是：第一，实施营销援助贷款政策或贷款差额补贴的作物范围从原来的玉米、大豆、小麦扩展到所有粮棉油作物；第二，取消此前的目标价格政策，将其改为完全脱钩的"生产灵活性合约"直接收入支付制度。从深层看，生产灵活性补贴是定额收入补贴，等同于我国现行的"价补分离"政策。具体做法是每年国家公布生产灵活性补贴的总预算金额，并按照比例分配给各类作物。在确定各类作物的补贴总额后，依据作物有补贴资格的面积核定补贴标准。之后，按照基期面积的 85％乘以固定基期单产的产量水平发放生产灵活性补贴。由于生产灵活性补贴与农民的实际生产无关，因此属于完全脱钩的定额补贴。该政策给予农民农产品生产的自主性与灵活性，在补贴面积上农民可以选择任何一种有补贴资格的作物进行种植。生产灵活性补贴虽然属于"绿箱"政策，但是由于该补贴是固定补贴，难以根据市场价格的变动

---

① 磅为非法定计量单位，1 磅＝0.454 千克。——编者注
② 英担为非法定计量单位，1 英担＝50.8 千克。——编者注

进行调节，容易产生"低价补贴不足、高价补贴浪费"的问题，与第 5 章分析的玉米"价补分离"政策引发的问题一样（宫斌斌等，2018）。1997 年亚洲金融危机爆发，打破了亚洲经济急速发展的景象。随后，美国经济受到严重影响，农产品价格大幅下降，农场主收入连年下滑。在此背景下，美国政府临时出台了"市场损失援助"计划，以维持农场主获得稳定收入，市场化改革的计划被搁浅。

7.1.5 目标价格政策重新出台阶段

进入 21 世纪，在美元贬值、国际粮食市场竞争不断加剧，美国政府预算出现盈余的情况下，美国政府决定大幅度增加农业补贴。因此，2002 年美国政府出台了《农场安全与农业投资法》，全面加大对农产品价格的支持力度，提升农产品国际竞争力。由于生产灵活性补贴实施固定额度的补贴金额，无法根据市场价格的变动进行调整，容易引发"低价补贴不足、高价补贴浪费"的问题。一些议员和学者建议将生产灵活性补贴固定在恒定值（齐皓天等，2016）。据此，新《农业法案》规定：将生产灵活性补贴固定在恒定数值上，改名为"固定直接补贴政策"。与此同时，美国决定重新引入了目标价格补贴政策，并将其命名为"反周期补贴政策"。为规避 WTO 规则的限制，美国将补贴方式由完全挂钩变为半脱钩。是否启动反周期补贴政策由有效价格和目标价格的大小决定。其中有效价格由直接支付率（生产灵活性合约中的支付率）与以下两个价格中的较高者构成，一是由农业部确定的当年生产者接受的全国平均市场价格，二是农作物的全国贷款率。在目标价格水平上，为防止出现目标价格水平制定过高的现象，2002 年《农业法案》决定以 1990 年《农业法案》确定的目标价格为基准，按照基期面积的 85％乘以固定补贴单产组成的固定产量发放补贴。该制度由于与市场价格挂钩，不与农民实际生产挂钩，因此属于"半脱钩"补贴。2008 年的《农业法案》决定继续延续 2002 年的政策规定，同样以 1990 年的目标价格为基准水平。此外，2008 年《农业法案》还提出，建立平均作物收入计划，主要针对大宗农产品进行补贴，该政策是反周期补贴的补充政策（表 7-1）。

表 7-1 2002—2012 年《农业法案》规定的主要农产品目标价格水平

品种	单位	2002—2003 年	2004—2007 年	2008 年	2009 年	2010—2012 年
小麦	美元/蒲式耳	3.86	3.92	3.92	3.92	4.17
玉米	美元/蒲式耳	2.60	2.63	2.63	2.63	2.63
高粱	美元/蒲式耳	2.54	2.57	2.57	2.57	2.63
大麦	美元/蒲式耳	2.21	2.24	2.24	2.24	2.63
燕麦	美元/蒲式耳	1.40	1.44	1.44	1.44	1.79
陆地棉	美元/英担	0.724	0.724	0.712 5	0.712 5	0.712 5
长粒米	美元/英担	10.50	10.50	10.50	10.50	10.50
中粒米	美元/英担	10.50	10.50	10.50	10.50	10.50
大豆	美元/蒲式耳	5.80	5.80	5.80	5.80	6.00
其他油料	美元/英担	10.976	11.312	10.10	10.10	12.68

数据来源：根据《农业法案》整理所得。

2002 年以后，农产品目标价格政策重回美国农业补贴政策的舞台。除了反周期补贴政策外，为保障农场主可获得稳定可靠的收入来源，美国还实施了固定直接补贴（即生产灵活性补贴）、平均农作物收入选择计划和营销援助贷款政策或贷款差额补贴政策等配套政策。

7.1.6 目标价格政策优化调整阶段

从实践看，固定直接补贴政策缺乏科学性，而且补贴精准性较低，很多学者和议员早就呼吁取消该政策。但是在制定 2002 年《农业法案》和 2008 年《农业法案》时，由于美国财政收入较好，固定直接补贴政策没有被取消（齐皓天等，2016）。2008 年全球金融危机爆发之后，美国财政出现紧张局面，在此背景下，为保障农民收入，提升农产品国际竞争力，2014 年美国政府出台了第 17 个《农业法案》——《联邦农业改革和风险管理法案》。新法案将反周期补贴政策改为"价格损失保障"政策，出台了"农业风险保障"制度，其他政策被取消，仅保留了营销援助贷款政策或贷款差额补贴政策。价格损失保障政策可以视作对反周期补贴政策的替代，除改变政策名称和将目标价格改为参考价格外，基本原理没有变化。当生产者面临的有效价格（市场价格与贷款率中的较高者）低于参考价格时，按照基期面积的 85% 乘以固定补贴单产组成的固定产量发放补贴，即价格损失保障补贴由参考价格（即目标价格）与有效价格（市场价格与贷款率中的较高者）触发，补贴额度＝(参考价格－有效价格)×基础×85％面积×固定补贴单产。2014 年《农业法案》公布的目标价格水平显著高于 2008 年，其中小麦、玉米、高粱、大麦、燕麦、大豆目标价格水平分别是 5.50 美元/蒲式耳、3.70 美元/蒲式耳、3.95 美元/蒲式耳、4.95 美元/蒲式耳、2.40 美元/蒲式耳、8.40 美元/蒲式耳，与 2008 年相比增幅分别为 31.89％、40.68％、50.19％、88.21％、34.08％、40.00％。价格损失保障政策与反周期补贴政策在操作上完全相同（柯炳生，2018），但是采取了更加隐蔽的名称，新名称不仅保障农民收入，而且可巧妙地避开 WTO 反补贴成员的指责。

总体来看，美国农产品目标价格政策历经目标价格政策雏形阶段（1938—1972 年）、正式提出目标价格政策阶段（1973—1984 年）、逐步降低目标价格水平阶段（1985—1995 年）、目标价格政策暂时退出阶段（1996—2001 年）、目标价格政策重新出台阶段（2002—2013 年），最后到补贴方式更加隐蔽的调整优化阶段（2014 年至今）六个阶段。在 80 多年的发展历程中，除了 1996—2001 年农产品目标价格政策短暂退出外，目标价格政策始终是美国农业补贴政策体系中的重要组成部分，在完善市场价格形成机制、保障农民收入等方面发挥了巨大作用。

7.2 日本农产品目标价格政策的演进脉络

水稻是日本最主要的粮食作物，日本较多农业政策围绕水稻展开。1945年末，日本百废待兴，民不聊生，人民温饱难以满足成为首要问题。为扶持农业发展，提高农民种粮积极性，解决人民吃饭问题，日本政府采取了一系列农业支持政策，尤其加大了对水稻的价格支持力度。1942 年日本政府出台了《粮食管理法》，是影响日本农业最为深远的粮食管理制度。粮食管理制度出台的目的是通过对有限的粮食集中统配，保证国民最低消费需求，即"高价买、低价卖"的统购统销，二者差价由国家财政负担。高位的收购价格使生产者积极性高涨，大量农民改种水稻，水稻产量大幅度增长。1955

年，日本水稻种植面积达 304.5 万公顷，产量超过 1 000 万吨，达 1 207.3 万吨。1960 年，日本政府颁布了《生产成本与收入部长法案》，进一步带动农民生产积极性，使 1967—1969 年日本进入"三年丰产"时期。1967 年，总产量达到历史最高值，为 1 425.7 万吨，水稻生产面积于 1969 年达到历史最高值，为 317.35 万公顷。此后，水稻生产过剩问题日益突出。为解决水稻库存积压、财政负担沉重等问题，日本政府出台了自主流通米制度，改善消费者米价形成机制，并着手进行大米生产调整政策。进入 20 世纪 90 年代，"乌拉圭回合"[①] 结束后，《农业协定》生效。为适应新的国际环境，防止 WTO 和成员国的指责，日本实施了 1945 年后调整力度最大的新的农业支持保护政策，逐渐将农业支持政策由价格支持性补贴转换为直接补贴。其中，典型手段之一是引入目标价格补贴政策，如 1998 年出台的"稻作经营安定政策"、2010 年出台的"稻作户别收入补贴政策"均为目标价格差额补贴政策。

7.2.1 以稻作经营安定政策为主要形式阶段

水稻生产过剩一直是困扰日本农业发展的较大问题。1993 年，由于自然灾害等原因，日本水稻大幅度减产，1993 年水稻产量仅为 9 793 万吨。随后，日本水稻产量出现较大程度增长。1994—1997 年水稻产量分别为 14 976 万吨、13 425 万吨、13 000 万吨和 13 000 万吨，4 年水稻总产量达 54 401 万吨。水稻生产过剩带来的首要问题是日本米价大幅度下跌，导致稻农收入下降。《国际统计年鉴》的数据显示，1993 年日本水稻糙米价格为 393.50 日元/千克，至 1996 年下降至 345.90 日元/千克，4 年间降幅达 13.76%。1997 年水稻糙米价格进一步下降，仅为 312.00 日元/千克，与 1993 年相比降幅达 20.71%。为防止稻农收入大幅度下跌，1997 年 11 月，日本政府出台了《新水稻政策大纲》。大纲提出：自 1998 年起在全国范围内实施"稻作经营安定政策"，这是日本政府首次对水稻实施目标价格政策。

---

① 1986 年 9 月在乌拉圭的埃斯特角城举行了关贸总协定部长级会议，决定进行一场旨在全面改革多边贸易体制的新一轮谈判，故命名为"乌拉圭回合"谈判。这是迄今为止时间最长的一次贸易谈判，历时 7 年半，于 1994 年 4 月在摩洛哥的马拉喀什结束。

稻作经营安定政策的实质是目标价格差额补贴，该政策的实施标志着稻米市场化改革进程的推进。稻作经营安定政策的补贴对象为所有水稻生产者，加入生产调整促进计划的农户均可获得全部补贴。稻作经营安定政策的具体做法是：稻米价格由市场供求关系决定，政府不再以保护价收购。同时，政府按照稻米最近 3 年市场价格的平均价格计算获得一个基准价格，即市场化的目标价格。"稻作经营安定政策"在稻米的当年市场价格低于确定的基准价格时会被启动，此时政府按照二者差额的 80％补贴农户。当某稻米的当年市场价格高于基准价格时，"稻作经营安定政策"不被启动，稻农按照市场价格销售稻米。补贴发放的依据是稻米的销售数量。稻作经营安定补贴标准＝（基准价格－市场价格）×80％×稻米销售数量。补贴金额由农民和国家共同出资组成，其公式为：农户出资额度＝（每年水稻标准价格×2％）×当年产量，国家财政出资额度＝（每年水稻标准价格×6％）×当年产量。

然而，该项政策的效果并不显著。尤其在 2000 年，水稻价格再次大幅度下跌。当水稻价格逐年下降时，由于基准价格是按照水稻最近 3 年市场价格的平均价格确定的，因此，基准价格会随着市场价格的下降而下降，保障稻农收益的作用逐渐减弱。为解决上述难题，2002 年日本政府决定修改目标价格的确定方式，不再以最近 3 年市场价格为基准，而是过去 7 年（1995—2001 年）市场价格（去掉最高值和最低值）的平均值为基准。同时，政府提高了财政的出资比例，并将价格差额补贴的标准由原来的 80％提高到 90％。稻作经营安定补贴标准＝（基准价格－市场价格）×90％×稻米销售数量。

7.2.2 以稻作户别收入补贴政策为主要形式阶段

粮食补贴政策的每一次调整和改革都有政治性因素的存在（王国华，2015）。为实现规模经营，民主党执政时期均将农业支持政策的补贴对象向规模农户倾斜，以激励农户扩大种植规模。然而，该种方式忽视了小规模农户利益，受到学术界与政界的批判。为赢得小规模农户的选票，民主党在参议院的选举中主张将补贴对象调整为包括小规模农户的所有农户。此时，日本粮食生产内部出现水稻供给过剩而粮食供给不足的局面，大量耕地用于水稻生产。为调整粮食内部结构，提高粮食自给率、稳定农户经营收入，民主党承诺执政后将实施农业者户别收入补贴政策。2009 年，民主党首次打败自民党成为日本的执政党。

2009 年 12 月，民主党按照竞选纲领宣布实施"农业者户别收入补贴制度"。2010 年 3 月在新制定的《粮食、农业、农村基本规划》中进一步提出建立农业者户别收入补贴制度的施行试点，并于当年拨付 5 618 亿日元（占当年农业财政预算总额的 22.9%）的财政预算用于支持该制度。该制度主要包括两方面内容：一是"稻作户别收入补贴政策"；二是"有效利用水田的直接补贴政策"。稻作户别收入补贴作物限定为水稻，共分为两部分：固定补贴的"稻米收入补贴支付金"和变动补贴的"米价变动补充交付金"。其中，变动补贴就是目标价格差额补贴政策在日本的表现形式。固定补贴与我国现行的"价补分离"政策相似，两者都将标准生产费用与标准销售价格的差额作为当年补贴额确定的依据。其中，标准生产费用为 2002—2008 年（去掉最高值和最低值）生产费用与家庭劳动成本之和的 80%，标准销售价格为 2006—2008 年平均销售价格。通过计算，2010 年全国确定的统一标准是 1.5 万日元/10 公亩①。补贴依据为农户当年种植面积减去播种自家使用米面积后的面积。若稻米收入补贴支付金仍无法保障农民收益，补贴金额就要由米价变动补贴支付金来代替。如果当年稻米实际销售价格比标准销售价格（目标价格）低，变动补贴就会触发。其中，标准销售价格为 2006—2008 年平均销售价格，补贴依据为农户当年种植面积减去播种自家使用米面积后的面积。通过计算，2010 年变动补贴的补贴标准为 151 000 日元/公顷（田聪颖，2016）。补贴对象为所有生产水稻的农户。享受补贴条件是必须参加"减反"政策，同时完成日本政府分摊给每个农户的生产数量。

经过一年的实践与摸索，2011 年，稻作户别收入补贴政策在日本全国范围内实施。正式实施阶段的稻作户别收入补贴政策基本沿袭了试点时期的框架：固定补贴标准与 2010 年的水平持平，为 1.5 万日元/10 公亩。当市场上稻米的销售价格低于稻米的标准销售价格（目标价格）时，变动补贴就

---

① 公亩为非法定计量单位，1 公亩＝100 平方米。——编者注

会被触发，政府将按照二者差额对农户进行补贴。与试点时期不同的是，标准市场价格为最近三年（2008—2010 年）销售价格的平均值。根据农林水产省《2012 年户别收入补贴制度的支付成绩》提供的数据，2011 年稻作户别收入补贴政策共支出补贴资金 1 533 亿日元，发生补贴 1 008 018 件，平均每件补贴金额为 15.21 万日元。2012 年，补贴总额有所上涨，为 1 552 亿日元，发生补贴 980 601 件，平均每件补贴金额为 15.83 万日元（张永强等，2018）。根据农林水产省 2011 年对农户的问卷调查，近 80％的受访农户对稻作户别收入补贴政策持支持态度，认为该政策有利于农业生产的稳定（王国华，2014）。

然而，日本政治环境瞬息万变，民主党仅仅执政三年就宣告终结。2012 年 12 月，自民党重新夺回政权。重新回归的自民党决定对农业者户别收入补贴制度进行改革。在执政初期，为稳定稻农粮食生产的积极性，防止由于农业政策变动造成农业生产混乱，同时考虑到预算编排时间较紧张，自民党政府决定 2013 年延续民主党的户别收入补贴制度，因此，2014 年自民党政府才开始进行真正意义上的农业改革。稻作户别收入补贴政策的改革体现在以下三个方面：一是将固定的"稻米收入补贴支付金"由原来的 1.5 万日元/10 公亩减少至 7.5 万日元/10 公亩，并于 2018 年取消；二是从 2014 年 4 月开始取消"米价变动补充交付金"，即取消了目标价格政策；三是调整补贴对象，由原来所有水稻种植者变为部分符合要求的种植者，包括认定农业者、新进务农者以及集落粮农组织等。

7.3 韩国农产品目标价格政策的演进脉络

韩国与日本相似，都是将水稻作为国内的主要粮食作物，因此，水稻的补贴政策在韩国粮食补贴政策体系中具有举足轻重的作用。1948 年以后，韩国政府采取了优先发展工业的道路。此后，韩国经济持续上涨，为农业补贴政策的出台提供了经济基础。为解决粮食短缺问题，保证国内粮食安全，1968 年开始韩国对水稻实施购销倒挂政策，并连续四年提高水稻市场收购价格。这种"高价买、低价卖"的方式虽然保障了农民的收益，满足了城镇消费者的食物需要，但是却使得韩国国内市场价格与国际市场价格严重倒挂，同时财政负担沉重。韩国加入 WTO 后，为履行《农业协定》提出的要求，降低价格支持政策可能对农产品市场产生的扭曲，韩国不得不对农业补贴政策进行调整，主要调整方式是出台直接补贴政策。从 2001 年起，韩国开始调整农业补贴体系，并实施固定直接支付政策。该政策与农民的当期生产行为无关，因此属于不会刺激农民生产的"绿箱"政策。补贴农田为1998—2000 年种植水稻且维持农田性能的农田。2002 年，韩国在固定直接支付政策的基础上出台了变动直接补贴政策（又名大米所得保障直补政策）。

大米所得保障直补政策的补贴对象是当期种植水稻的农田。如果市场出现了市场价格低于目标价格的情况，政府将对稻农进行补贴，补贴额度为二者差额的 85% 减去固定直接补贴后的部分。当出现市场价格比目标价格高的情况时，政府不需要支付变动直接补贴，仅向符合要求的农民支付固定直接补贴。市场价格为全国当年 10 月 1 日至下年 1 月 31 日产地均价。目标价格为比较年度米价的截尾均值（即最近 5 年除去最高值和最低值的平均值）除以基准年度米价的截尾均值，每三年确定一次，由国会批准后公布。目标价格的调整原则是测算公式中加入调整前的目标价格水平。补贴标准为单位面积产量与水稻播种面积的乘积的销售量。

变动直接补贴金额 = [（目标价格 - 市场价格）× 85% - 固定直接补贴] × 单产 × 播种面积

2004 年，由于《多哈回合框架协议》的签订，韩国的水稻市场放开，受国外进口水稻冲击，国内水稻价格大幅下跌。维持稻农生产经营的稳定，保障稻农生产的积极性成为韩国政府考虑的关键问题，水稻农业补贴政策亟待进一步改革。基于此，2005 年，韩国政府决定将固定直接补贴政策与变动直接补贴政策合二为一，出台了"大米收入保全直接补贴政策"。该政策由 2005 年韩国国会通过的《大米收入补贴法》与《粮食管理法修正案》作为法律依据。经过测算，政策初期确定的目标价格为 17 万零 83 韩元/80 千克。此后，国会讨论决定将 2008—2010 年的目标价格确定在 17 万零 4 083 韩元/80 千克。此后，由于水稻大量减产，政府决定将 2013—2017 年的目标价格提高到 18 万零 8 000 韩元/80 千克，同时将固定直接补贴由 2005 年的 60 万韩元/公顷提高至 100 万韩元/公顷。大米所得保障直接补贴政策融合了固定直补与可变直补的特点,采用"固定补贴＋目标价格"的方式,有效稳定了农民收入。

7.4 发达国家农产品目标价格政策对我国的启示

从国际发展经验来看,美国农产品目标价格政策先后经历了六个发展阶段,目前仍在探索改进中。日本于 1993 年出台了稻作经营安定政策,2010年实施了水稻户别收入补贴政策,并于 2011 年在全国推广。韩国于 2002 年尝试实施水稻所得保障直接补贴政策(变动直接补贴政策)。上述三个国家农产品目标价格政策对我国实施玉米目标价格政策具有重要启示。

7.4.1 坚持目标价格改革的基础导向

从美国农产品目标价格政策的演变历程看,以目标价格政策为主导的价格支持政策是美国农业补贴政策体系的基础性政策选择。虽然 20 世纪 90 年代中期,为履行《农业协定》的承诺,美国政府取消了农产品目标价格政策,将其改为完全脱钩的生产灵活性合约。但是,2002 年美国政府又重新启动了目标价格制度(即反周期补贴制度),随后的 2014 年,新《农业法案》将目标价格政策改名为价格损失保障政策,二者实质相同只是名称不同。基于上述分析不难发现,从 1938 年平价差额补贴政策提出至今的 80 多年间,农产品目标价格政策始终是美国农业支持政策体系中不可或缺的组成部分。目前,很多学者对我国实行目标价格政策持否定态度,尤其在大豆目标价格政策退出之后,反对的呼声越来越大,导致目标价格政策始终被隔离在粮食收购价格政策改革的议程之外。美国目标价格政策的演变轨迹表明,目标价格政策符合粮食收购价格政策改革的发展规律,生产灵活性补贴的改革之路不可行,应以目标价格政策作为市场化改革的基础价值导向。

7.4.2 落实目标价格政策的法制化建设

在美国,任何一项政策都不是某个人或某几个人所能决定的,而是经过严格的法律程序、历时多年，最终以立法的形式确定下来。据统计，自 1933 年第一部《农业法案》出台以来，美国共出台了 17 部具有法律效力的《农业法案》。1938 年和 1949 年的《农业法案》是基本的农业法，被视为永久立法。伴随着美国《农业法案》的不断修订，目标价格政策日益完善。在《农业法案》内部，美国联邦政府会对目标价格测算、市场价格确定、补贴发放依据等方面进行精细的设计与科学的安排，并建立长效政策运行机制，给农民以稳定的心理预期（王永春等，2008）。同时，《农业法案》会根据多种内外因素对目标价格政策进行调整，使政策调整透明化、权威化，以便帮助农民更好地理解政策意图，做出合理生产决策。日本与韩国在水稻目标价格政策实施的过程中也颁布了多部法律，这些法律保障了水稻目标价格政策的有效运行，推动了水稻市场化改革。例如，日本于 2010 年颁布《粮食农业、农村基本规划》，韩国于 2005 年颁布《大米收入补贴法》与《粮食管理法修正案》。综上所述，目标价格政策法制化，可有效避免政策目标短视及政策操作粗放等问题，同时保证了目标价格政策的连续性与稳定性、权威化与透明化。

7.4.3 目标价格政策要与其他农业政策配套使用

任何一项政策的出台都是为了解决问题，但是没有一项政策可以解决所有问题。目标价格政策不是一种孤立的制度安排。美国制定了一系列与目标价格政策配套的政策措施，以保障政策目标的顺利实现。例如，2002 年为提高农产品市场竞争力，美国政府不仅出台了营销援助贷款（贷款差额补贴）、固定直接支付和反周期补贴三大计划，还实施了农作物生产保险、土地保护计划等其他农业支持保护政策。2014 年除保留营销援助贷款政策或贷款差额补贴政策外，还出台了价格损失保障政策与农业风险保障制度，三个政策相互依存，共同发挥作用。为调整粮食内部结构，提高粮食自给率、稳定农户经营收入，2011 年，日本政府不仅出台了水稻目标价格政策（稻作户别收入补贴政策），而且对不栽种水稻但种植其他作物的农田实施了有效利用水田的直接补贴政策，对旱田作物实施了旱田作物补贴政策。当前，我国农业不仅要稳定农民收入，还要提高国内外市场竞争力、保障国家粮食安全，政策目标呈现多元化的特征。因此，应尽快完善农业政策体系，有条不紊地引入目标价格收入保险、期货等多种配套政策，加快构建包括农产品目标价格政策在内的高效的新型农业补贴政策体系。

7.4.4 目标价格政策的顺利实施需要一系列支撑条件

基础条件与配套措施是政策落实与发展的有力支持。美国农产品目标价格政策的成功不仅得益于科学的制度设计，也依赖完备的基础条件与配套措施。例如，强大的数据信息系统、完善的市场信息发布制度、发达的农产品现货期货市场等。日本农协是推动日本农业发展的重要载体，是农民与政府之间的桥梁。韩国农协同样发挥了对接农民与政府的作用，韩国农协可为参加组织的农户提供7%的贷款利率，这种水平远低于银行贷款利率，为农民提供金融支持。我国若引入玉米目标价格政策，必须高度重视农业现代化建设中的"软件"建设。

7.4.5 半脱钩的补贴方式有利于规避WTO"黄箱"规则

美国农产品目标价格政策的补贴方式经历了由完全挂钩到完全脱钩再到半脱钩三个阶段。其中，目标价格政策的萌芽阶段（1938—1972年）和目标价格政策的正式出台阶段（1973—1985年）均采用的是完全挂钩的补贴方式，补贴依据为基础面积乘以实际单产的产量水平。完全挂钩的补贴方式对农民生产和贸易的扭曲程度较大，属于"黄箱"特定农产品的农业支持，因而面临着WTO"黄箱"规则的约束。从1986年开始，美国决定对农产品目标价格政策进行限制，按照基础面积的85%的实际产量发放补贴，属于"蓝箱"政策。1996年，为进一步规避WTO对美国相关补贴的约束与谴责，美国决定将目标价格政策改为完全脱钩的生产灵活性补贴政策，补贴方式是按照基期面积的85%乘以固定基期单产的产量水平，根据WTO《农业协议》，该政策属于"绿箱"政策范畴。然而，该政策虽然很好地规避了WTO规则的约束，但是却难以保障农民获得长效稳定的收益。随后，美国出台的反周期补贴政策（2002—2013年）和价格损失保障政策（2014年至今）均采用的是半脱钩的补贴方式，按照基期产量的85%发放补贴。结合我国实际来看，基于特定农产品的"黄箱"政策的空间较为有限，仅为特定产品产值的 8.5%。借鉴美国成熟经验，在进行玉米收购价格政策改革时，可用半脱钩的补贴方式，规避"黄箱"规则。

7.5 本章小结

本章选取美国、日本、韩国为典型代表，梳理了各国农产品目标价格政策的演进轨迹，详细分析了目标价格政策的具体操作。通过对上述三个发达国家目标价格政策的分析，对玉米目标价格政策的实施提供了有益的经验启示：一是必须坚持目标价格改革的基础导向；二是尽快落实目标价格政策的法制化建设；三是目标价格政策应与其他农业政策配套使用；四是目标价格政策的顺利实施需要一系列支撑条件；五是半脱钩的补贴方式有利于规避 WTO"黄箱"规则。

玉米目标价格政策的实施
难点及其破解

玉米目标价格政策是一项复杂的工程，并非一蹴而就，也不是简单地由政府确定目标价格后按照差额发放补贴，在实施过程中不可避免地会面临障碍与约束。在推进农业现代化的过程中，如何及早走出这些困境是引入玉米目标价格政策的关键，也是本章关注的重点。为此，本章从进一步深化玉米收购价格政策改革的需求出发，对照大豆目标价格政策的经验，剖析实施玉米目标价格政策可能遇到的难点，并在吸收国内外目标价格改革有益启示的基础上，依据国情、农情及制度现状，从更加科学、严谨且全面的视角，针对这些难点提出行之有效的破解思路。

8.1 玉米目标价格政策的实施难点

根据第 6 章的分析，大豆目标价格政策终结的主要原因是政策设计不够完善、操作流程不当、缺少相应配套措施等。对照大豆目标价格政策的实践，引入玉米目标价格政策面临以下难点：目标价格测算、市场价格核定、补贴方式选择以及政策实施过程中人们对政策成本的担忧等。

8.1.1 目标价格测算难

合理测算目标价格是实施目标价格政策的核心及难点。在多数发达国家，农产品目标价格政策已是一项较为成熟的政策，各国均有成型的目标价格测算公式。美国农产品目标价格通过《农业法案》每五年确定一次，确定的依据是"生产成本＋基本收益"，同时综合考虑当年物价水平、农民收入增长、国内外粮食价差等因素，给予目标价格动态调整的空间。其中，农产品生产成本、基本收益等数据信息由美国农业部各级农业统计服务组织（机构）负责收集。欧盟的目标价格计算公式为"生产成本＋运输费用＋经营者收益＋税率"。日本以基期销售价格的平均值作为目标价格，比如1998年出台的"稻作经营安定政策"确定目标价格的方式是按照水稻最近3年市场价格的平均价格计算；又如，在稻作户别收入补贴政策中按照2006—2008年平均销售价格确定目标价格。韩国于2002年出台的大米所得保障直补政策是根据最近5年市场价格（除去最高值和最低值）的平均值制定目标价格，具体公式：水稻目标价格＝（比较年度米价的截尾均值/基准年度米价的截尾均值）×变更之前的目标价格，每三年公布一次，由国会批准后公布（田聪颖，2016）。

由上述发达国家的发展经验来看，目标价格的测算并非简单的成本收益评估，涉及诸多方面。通过第6章的分析可知，目标价格着眼于保障农民基准收益，致力于向农民发放合理的生产决策信号。在开放的经济体系下，测算目标价格还要考虑国际市场价格的变化（李光泗等，2014）。鉴于此，在我国农业飞速发展的关键时期，保障农民获得长效稳定的基本收益、真实反映市场供求关系、使国内外价格保持合理比价关系是测算目标价格不可动摇的三大价值导向。第一，保障农民基本收益是保护农民粮食生产积极性的关键一环，同时是保护国家粮食安全的核心内容。政府运用价格政策作为调控经济的手段，必须考虑农民基本的收益区间，若超出该收益区间，就会诱发适得其反的政策效果。在全球粮价低迷、农业生产成本上涨的大背景下，在合理范围内弥补农民损失是测算目标价格的基本出发点，保障原则是既要弥补粮食生产支出，同时也要避免市场价格波动侵害农民的利益。第二，真实反映市场供求关系，引导农民合理安排生产。基于第6章的探讨，目标价格水平高低是引导农民生产行为的途径之一，即目标价格是农民粮食生产决策的风向标。若国家公布的目标价格过高，农民预期从玉米产业获得高收益，甚至超额收益，进而对农民的生产行为产生强刺激，引发粮食生产过剩；反之，目标价格过低，农民预期玉米种植收益低，生产行为受到弱刺激，农民种植玉米的积极性下降。因此，目标价格的测算必须真实反映市场供求关系，释放正确价格信号，以实现指引农民合理生产的政策目标。第三，保证国内外玉米价格具有合理比价关系。在经济全球化的背景下，国际粮价与国内粮价的相互作用越发紧密，从长期来看，二者的走势将会基本一致。目标价格的确定要统筹兼顾国内粮食市场价格与国际粮食市场价格的关系，有效调控国际国内两大市场，充分利用国际国内两种资源，逐步使国内外粮价接轨，保证二者具有合理比价关系。这样，不仅有利于提高国内玉米的市场竞争力，防止出现过度依赖进口的尴尬境遇，同时有利于提高国内粮食生产效率，保障国家粮食安全。

综上所述，目标价格不是单纯的政策性价格，在测算目标价格时必须深入研究其基本构成要素，要立足当前农业生产实际，目标价格既要保障农民基本收益，又要反映市场供求关系，同时统筹兼顾国外市场变化，这种"多元化"的价值导向考量给目标价格的测算工作带来了严峻的挑战。

8.1.2 市场价格核定难

根据目标价格政策的内涵，目标价格与市场价格共同决定了差额补贴的水平。当国家公布目标价格水平后，市场价格成为确定差额补贴标准的决定性因素。在农产品目标价格政策较成熟的发达国家，市场价格的核定方式较为相似：美国以农业部确定的当年农民接受的全国平均市场价格作为市场价格，日本以水稻当年平均市场价格作为市场价格，韩国的市场价格为全国产地价格的平均值，收集时间是当年 10 月 1 日至次年 1 月 31 日。可见，以平均市场价格作为市场价格监测值的方式较为普遍。我国大豆目标价格试点沿袭市场价格平均值的准则，市场价格的采集遵循"一省一价"的原则，即对一个省内各监测点上报的市场价格取平均值来确定该省的市场价格。2014年黑龙江省确定了 51 个监测点，内蒙古自治区的东四盟地区确定了 17 个价格监测点，吉林省确定了 29 个价格监测点，辽宁省确定了 28 个价格监测点（刘慧等，2016）。采集时间为当年 10 月至次年 3 月，采集对象为国标中等大豆到库（厂）的平均收购价格，数据采集后上传至国家价格监测中心。

基于前文的分析，大豆目标价格政策下采集的市场价格偏离了实际价格，难以真实反映大豆销售情况，这既会损害农民收益，又会超出国家财政承受能力，致使政策效果无法充分发挥出来。在实践中为何会出现这种情况？一是采价工作较随意，缺乏监管机制。由于政府监管不到位，政策实施区域存在大量虚假采价点。二是价格采集点的分配不合理。黑龙江省嫩江县的大豆产量占黑龙江省大豆总产量的 1/6，但是所设立的采价点仅占全省采价点的 1/17（郑鹏等，2016）；吉林省敦化市的大豆产量占吉林省大豆总产量的 50%，然而仅分配了一个采价点，而在农安、梨树等基本不产大豆的地方却设置了 2~3 个采价点（陈菲菲等，2016）。从理论上讲，核心产区有资源禀赋优势，根据优质优价原则，核心产区大豆销售价格毫无疑问高于非核心产区。在这种情况下，所采集的用于补贴核算的市场价格势必被拉低，国家财政支出必然增加。三是粮食经纪人瓜分补贴，哄抬市场价格。现阶段，在粮食收购市场上，收购主体主要包括国有粮食收购企业、粮食加工企业、民营玉米流通企业和粮食经纪人（即粮贩）四种类型。粮食经纪人是粮食收购企业与农户之间的纽带。据调研，在吉林省粮食流通市场上，80%以上的粮食收购主体是经纪人。粮食经纪人挨家挨户及到田间地头收购粮食，多数农民为节省时间、减少运输成本会将粮食以"地头价"出售给粮食经纪人，经纪人再将粮食转售到国有粮库或其他收购主体，从中谋取差价利润。吉林省实地调查数据显示，粮食经纪人出售的大豆价格平均比农户的出售价格高 0.15~0.20 元/斤。国家采集的是国标中等大豆到库（厂）的平均收购价格，即粮食收购企业的收购价格，此时从国有粮库或其他收购主体采集的市场价格已然被抬高，差额补贴被粮食经纪人分流。

　　"一省一价"核定市场价格的方式虽然操作起来较容易，执行程序也不烦琐，但是此种方式是否适合玉米目标价格政策有待进一步探讨。原因在于：东北地区幅员辽阔，各地资源禀赋分布迥然相异，各地玉米质量千差万别，玉米销售价格存在明显差距，以省（区）为单位统一监测的市场价格无法兼顾各地生产特性，造成监测价格与实际价格脱节。例如，吉林省东、中、西部地区玉米生产截然不同，东部地区多为山区，西部地区多为盐碱干旱的贫瘠地区，基于地域特征，东、西部地区玉米产量低而不稳，质量普遍低于以玉米核心产区著称的中部地区。若按照"一省一价"的原则核定吉林省市场价格，核心产区农民的差额补贴可能会被抬高，非核心产区农民的差额补贴被摊薄，有失公允。

综上所述，以平均价格作为市场价格的监测方式值得肯定，但是，在引入玉米目标价格政策时，规避大豆市场价格引发的问题对玉米市场价格核算具有重要意义。此外，由于按照省（区）级单位核定玉米市场价格的方式难以兼顾省（区）内不同地区玉米生产的异质性，"一省一价"的核定原则有待探讨。提高市场价格采集的代表性与准确性，消除业内对现行核定市场价格的疑虑是玉米目标价格政策实施的又一大技术性难题。

8.1.3 补贴方式存在分歧

差额补贴发放主要依据两种观点：一是以农户实际种植面积为依据发放补贴，二是以农户实际销售数量为依据发放补贴。学者们对按面积发放补贴还是按销售量发放补贴存在较大分歧，彼此相持不下。

8.1.3.1 以面积为依据发放补贴——利弊权衡

早在 2004 年国家实施粮食直接补贴政策时，政界与学术界就曾围绕补贴依据展开过激烈的讨论。当时政学两界对按销售量发放补贴的呼声较高，但是考虑按照销售量发放补贴的实施难度较大，不具备基础条件，最终我国不得不采用田亩直接补贴的方式。随后，国家出台的诸多农业支持政策均延续了此种补贴方式，如粮食直接补贴政策、大豆目标价格政策、玉米"价补分离"政策等。

以农民实际种植面积为依据发放补贴的方式可操作性强，有利于农民抵抗自然灾害风险，即使粮食减产也会获得与正常年景相同的补贴；同时此种方式具有稳定粮食播种面积的作用。但是，按照面积发放补贴具有较强的粗放性（郭庆海，2017），可能将政策演变为另一版本的直接补贴政策（李光泗等，2014；宫斌斌等，2017），大大削减补贴的精准性和指向性，造成补贴效率下降。第一，以地块为依据发放补贴的方式对集约经营的农户有失公允，同时不利于引导农民种植结构调整。按照种植面积发放补贴使得单产较低的农户获得较高的单位补贴额度，单产较高的农户却获得较低的单位补贴额度，致使产生单产低的农户扩大播种面积，单产高的农户缩减播种面积的局面（胡迪等，2019）。在目前玉米供给过剩的情况下，抑制集约农户生产效率的负面效应暂时还不会引起人们的注意，但是增加粮食供给是一个长期的战略目标，对农户集约行为的"抑制"既失公平性，也会牺牲效率。第二，该种补贴方式增加了农地"含金量"，土地承包者借势提高土地租金，原本属于经营者的惠农补贴被承包者所占有。此种行为不仅削弱了土地经营者的种粮积极性，同时对农业竞争力、农地规模经营目标等多个维度产生负面影响（宫斌斌等，2019）。第三，该种补贴方式给了农民发生道德风险的可能，2014年大豆目标价格政策实行情况已经说明了这一点。在实践中，农民虚假上报、重复上报面积的情况时有发生，不该获得补贴的农户获得了补贴，应该获得补贴的农户并未获得补贴。从长远的角度看，传统农业向现代农业的转变，不仅需要生产力水平的提升，还要有管理方式的提升。以面积作为补贴的依据，道德风险发生的概率、补贴效率、公平性都将受到质疑。

8.1.3.2 以销售量为依据发放补贴——现实困境

与以面积为依据发放补贴的方式不同，以销售量为依据的补贴制度具有以下优点：一是有利于农业种植结构调整。在农业供给侧结构性改革的大背景下，调减玉米种植面积、优化种植结构是亟待解决的关键问题，尤为紧迫的是"镰刀弯"地区。在此类地区，玉米单产较低且不稳定，以销售量为依据发放补贴的方式使农民所获补贴少于核心产区。在比较收益的驱使下，该地区部分农户产生放弃玉米改种大豆、杂粮等其他作物的调减倾向。二是有利于提高土地产出率。基于销售量数据发放补贴，意味着在政府财政支出与提高农民种粮积极性之间建立函数关系，即农民售粮越多获得的补贴就越多，自然使得农民种粮积极性高涨，即多产多补、少产少补、不产不补，提高了土地产出率。田聪颖等（2018）利用可计算一般均衡GTAP模型实证分析发现，按照产量进行补贴能够降低国内价格与进口量，同时提高粮食生产率。三是有利于推动农业科技进步。在按照销售量发放补贴的情况下，农民为收到高额补贴会想方设法地提高玉米的单位面积产量，从而有利于良种、测土配方施肥等先进农业科学技术的推广与应用。四是有利于弱化土地"含金量"，防止惠农政策转化为地租，保障农地实际经营者的利益，让真正种粮的生产经营者获得补贴。

由此分析可见，按照销售量发放差额补贴的方式更优良，是玉米目标价格政策首选的补贴方式。但是，以我国目前的农业生产经营环境来看，实施以销售量为依据的补贴方式首要解决的难题是如何获取每个农户的玉米销量数据（李光泗等，2014；耿仲钟等，2015）。在全面放开收购市场、多元收购主体入市收购的情况下，农民不仅向国有粮食收储企业出售玉米，还会向其他收储企业、加工企业、粮食经纪人等收储主体销售玉米，农民出售玉米的时间、地点相对分散，进一步增加了数据获取难度。此外，目前我国实施的粮食价格支持政策多是与农民实际种植相关联的完全挂钩补贴方式，即补贴与生产什么、面积或产量多少、市场价格高低等关联。这种补贴方式归属于"黄箱"的特定农产品政策，根据世贸组织《农业协议》的要求，成员方必须对"黄箱"政策进行削减，我国承诺"黄箱"特定农产品支持的微量允许空间为该产品总产值的 8.5%。这种与农民当期生产完全挂钩的补贴方式面临着 WTO 谴责的风险。

8.1.4 政策成本的担忧

政策成本始终是政策分析的中心问题之一（陈振明，2003）。目标价格政策实施过程中，必然会产生两类财政成本支出：一是国家向农民支付差额补贴，二是在政策实施过程中产生的一系列操作成本。由于玉米目标价格政策尚未实施，为探究其成本支出，本节从国内农产品目标价格政策的实践经验出发，分析人们对目标价格政策成本的担忧。

8.1.4.1 对财政成本的担忧

差额补贴是政策实施过程中产生的主要成本支出。目标价格是政府进行补贴的价格目标线，单位农产品的差额补贴标准等于目标价格与市场价格之差。根据目标价格政策的触发机制，当市场价格低于目标价格时，目标价格政策才会被触发，政府方需支付财政补贴。2014 年新疆棉花目标价格差额补贴总额达到 260 亿元，当年新疆农林水财政支出总额为 405 亿元，目标价格差额补贴占财政总支出的一半以上（黄季焜等，2015）。2014 年，东北三省一区大豆目标价格财政支出总额约为 30 亿元，2015 年财政支出总额约为 60 亿元，同比增长了一倍（张晶等，2015）。在众多操作成本中，基础数据采集费用是占比巨大的支出项目。2014年新疆棉花试点地区棉花种植面积实地测量的总人工费用高达3.49亿元，若再加上住宿、交通、宣传、购置GPS等设备，仅面积核查的总成本约为5.47亿元（黄季焜等，2015）。为防止"转圈棉""转圈粮"出现，政府还要在各县区内部设立卡点，对车辆进行检查登记。调查显示，"转圈棉"的出现导致运输成本由原来的800元/吨上升至1 000元/吨（黄季焜等，2015）。

8.1.4.2 对操作成本的担忧

政策操作成本是指目标价格政策出台及执行过程中所产生的全部费用支出，比如，政策设计与修改、政策宣传与推广、基础数据采集、组织管理等。在国外，农产品目标价格政策的操作成本是显性的，由每个农户承担。例如，美国要求每个申请参加农产品目标价格政策的农户每年都必须缴纳100美元，专项用于制度的组织、管理和服务。在我国这种成本是隐性的，全部都由国家财政所负担（秦中春，2015）。一直以来，政界和学界对目标价格政策成本始终存有一些担心与忧虑（卢凌霄等，2015；张杰等，2016；李光泗等，2014；詹琳等，2015）。综合梳理之后，本书认为人们对操作成本的担忧主要集中在以下两个方面：一是忧虑政策操作过程中产生过高基础数据采集费用。目前我国尚未建立有关农户的基础数据库，实施玉米目标价格政策所需的数据资料都是通过基层工作人员收集后层层上报方可获取，在我国农户数量庞大，生产单位数量多、土地规模小且分散的国情之下，数据统计核查工作难度之大可想而知。二是实施目标价格政策的配套措施的建立与完善也会产生诸多成本。如前文提及的引入票证管理系统、建立农业基础数据系统等措施都涉及较大的成本支出。

基于上述分析与讨论，解决业内对政策成本的担忧是引入玉米目标价格政策面临的难题之一。

8.2 玉米目标价格政策实施难点的破解

鉴于实施玉米目标价格政策面临诸多制约因素，必须多途径地寻求化解的策略。

8.2.1 优化目标价格测算公式

目标价格的测算并非简单的成本收益评估，而是在保障农民获取基本收益的同时，真实反映市场供求关系及国内外玉米价格联动关系。因此，在构建玉米目标价格的测算公式时，本书不仅遵循"生产成本＋基本收益"的原则，而且在公式中融入可体现市场供求关系及国内外市场价格的量化指标。鉴于此，目标价格测算公式中包括以下基本构成要素。

8.2.1.1 生产成本

玉米生产成本是目标价格测算公式中重要构成要素之一。很多学者提出，测算目标价格应以完全成本[①]为前提条件（张千友，2009；王双进，2014），但是由于农业生态环境保护成本暂时难以量化，可待我国农业成本核算机制成熟后，资源环境成本确定由生产经营者承担后，再计入成本（张千友，2009）。因而，现阶段玉米生产成本的构成因素包括物质与服务费用、人工费用和土地租金费用三大方面。其中，人工费用主要包括雇工费用和农民自己的工价折算两部分。在实地调研中发现，目前东北地区从事农业生产的劳动力基本是无法转移的劳动力，如果按市场价格折算农民的劳动成本，会高估生产成本。因此，在核定人工费用时，本书剔除农民自己的工价折算，只考虑雇工费用。根据农民是否进行土地流转，可将农民分为自有耕地农民和租入耕地农民。农业生产的特性导致租地农民的利润期望值往往低于自有耕地农民，在鼓励农地规模经营的大背景下，考虑租地农民的成本收益情况，即生产成本中涵盖土地租金成本。需要注意的是，统计资料中的地租指土地作为一种生产要素投入到生产中的成本，包括流转地租金和自营地租金。在实地调研中获取的地租数据指农民凭借法律赋予的土地承包权将自己承包土地的承包经营权合法流转出去所获得的收入，即流转地租金。为真实反映农户之间实际发生的农地流转成本，本书决定剔除自营地租金，考虑用流转地租金量化农村地租。基于上述分析，生产成本由物质与服务费用、雇工成本与流转地租金三大要素构成。

---

① 完全成本主要包括物质与服务费用、人工费用、土地租金费用及农业生态环境保护成本等。

玉米目标价格的核算应以历史数据为参考，尽量与当期农产品的生产情况脱钩，减少对市场价格的扭曲。一般来看，五年粮食生产周期内较大程度涵盖了粮食生产丰年、歉年与平年三种年景，因此，可选择前五年的玉米生产成本年均增长率来预测当年玉米生产情况。

综上所述，玉米目标价格预期生产成本的计算公式：预期成本＝上一年生产成本(物质与服务费用＋雇工成本＋土地租金)×(1＋前五年生产成本年均增长率)。

8.2.1.2　合理的利润率

合理的利润率是目标价格测算公式中重要构成要素之一，过高或过低的收益都会误导农民生产决策。关于合理利润的确定问题，国内诸多学者进行过十分有益的讨论。张千友（2011）认为从长远来看，粮食目标价格的收益率应与种植经济作物、外出务工等取得的收益水平大体相当。广东省价格协会课题组（2010）在测算广东省稻谷目标价格水平时指出，目标价格的利润水平要与种植经济作物果蔬和养猪、养鱼的收入接近，并在各地调查后确定成本利润率为15％。李林茂等（2011）同样指出，成本利润率应与从事其他农作物生产和相近行业的利润率大体相当，种粮收入最低不能低于种植经济作物的收入水平。孔祥平等（2010）认为，合理利润率应考虑三个因素，一是人均收入增长水平，二是GDP增长水平，三是CPI水平。吉林省物价局（2012）提出，为保证粮食收入与经济同步增长，应当在上年利润基础上按经济社会发展规划确定的可比价农民人均纯收入年均增长率，换算成当年价增长率。王文涛（2010）提出可以按照工农业相同的利润率来确定粮食成本利润率，并设定粮食成本利润率为8％左右。冷崇总（2015）认为合理利润率可用生产农产品的成本利润率代替。

合理收益的逻辑起点建立在机会成本之上。一个农户从事玉米生产的机会成本是他放弃玉米生产能从其他领域所获得的最高收益。具体来看，依据东北地区农村的真实状况，农民玉米种植的机会成本来自两个领域：一是农业领域，即从事其他粮食作物或经济作物生产所获得的收益；二是非农领域，即进城打工农户的人均纯收入。统筹城乡发展、缩小城乡居民收入差距是全面建成小康社会、实现乡村振兴战略的内在要求，也是解决"三农"

问题的有效途径。相较而言，非农领域的人均可支配收入更能代表玉米种植机会成本。从短期来看，玉米收益率应该与进城打工农民取得的收益大体相当，才会使农民安心种粮。从长期来看，随着工业化、城镇化进行的加快，大量农村居民转移到城镇居住，而剩下在农村的农民才是真正的玉米生产者，因此，城镇居民的收入水平更能反映职业农民的合理机会成本。未来应以城镇居民的人均可支配收入作为玉米种植的合理利润，才能有利于激励粮食生产者进行规模化、集约化、机械化的生产经营。由于农户收入不完全来自玉米种植，当农户玉米种植达到一定规模，在集约化经营特征明显的情况下，可将当地城镇居民人均可支配收入的 75% 作为玉米种植的合理利润。

8.2.1.3　供求系数与国内外市场价格的比价系数

从长期来看，国家经济形势及农业产业发展情况存在阶段差异性，必须根据不同时期、不同政策背景、不同政策目标确定合适的目标价格水平。这意味着，目标价格不能一成不变，它必须符合弹性可变的动态调整特性。为确保农产品目标价格机制的长效稳定，有必要在目标价格测算公式中建立动态调整机制。张千友（2011）认为，目标价格的测算方法应在生产成本和基本收益的基础上加入渐进调整系数、地区调整系数和季节调整系数。梅星星（2014）提出，在基本计算公式中加入修正系数，以实现目标价格的可调整性。依照前文分析，保障农民基本收益、真实反映市场供求关系、国内外价格保持合理比价关系是测算目标价格不可动摇的三大价值导向。本书借鉴冷崇总（2015）构建的概念，将供求系数、国内外市场价格的比价系数引入测算公式。其中，供求系数＝需求量/供给量；国内外市场价格的比价系数＝国际市场价格/国内市场价格。当供不应求时，目标价格会被调高；当供过于求时，目标价格会被调低。当国内市场价格高于国际市场价格时，目标价格会被调高；当国内市场价格低于国际市场价格时，目标价格会被调低。上述两大系数不仅涵盖目标价格的动态调整机制，同时可体现目标价格测算的价值导向。

综上所述，玉米目标价格的测算公式如下：

玉米目标价格＝预期生产成本×（1＋合理的利润率）×动态调整系数

$$= (物质与服务费用＋雇工成本＋土地租金) \times (1＋前五$$
$$年生产成本年均增长率) \times (1＋合理的利润率) \times 供求$$
$$系数 \times 国内外市场价格的比价系数$$

上述测算公式是在充分考虑农民合理收益的情况下，同时兼顾玉米市场供求关系、国内外市场价格的比价关系等因素测算的。该测算公式不仅可以更好地保障农民基本收益，引导农民合理安排农业生产，同时也可根据国内外市场的变化情况动态调整目标价格，在科学性、合理性及可操作性等方面给予较大空间。除此之外，由于目标价格的核定成本相对较高，为了降低核定成本，可参考美国目标价格政策的测算经验，每 3～5 年核定一次目标价格。

8.2.2 提升市场价格采集准确率

监测精准的市场价格是目标价格差额补贴发放中至关重要的一环。目前，市场价格采集面临的难点主要在于，国家欠缺对采价工作的科学设计，导致采价过程中可能存在道德风险。玉米不同于大豆作物，其生产区域广，适应性强，消费用途较宽，产业链长，附加值高，参加主体多，涉及畜牧业、玉米加工业等下游企业，这进一步增加了市场价格核定的难度。因此，在引入玉米目标价格政策前夕，必须对市场价格核定工作进行严密设计，严格把控采价工作的各个环节，提高市场价格采集工作的精准度，使市场价格更加贴近实际数值。

首先，建立采价上报工作的监督机制。大豆市场价格采价地点内部存在众多虚假的采价点。为降低采价工作的道德风险，防止在采集玉米市场价格时发生基层工作人员虚报、漏报数据等情况，必须建立采价环节的核查机制，增强政府监管力度。若在实际操作中出现虚报数据的情况，要严格追究责任，加大违规成本，从严从重处罚工作人员的违规行为。其次，遵循产量原则分配市场价格监测点。根据优质优价理论，核心产区的大豆销售价格远高于非核心产区。此理论对玉米作物同样适用。为避免市场价格采集点分配不均引发采价效率问题，在分配玉米市场价格采集点时，必须严格遵循产量权重进行分配：产量高的地区多分配采价点，产量低的地区尽量少设置采价点。通过这种方式，防止采集过多玉米低产量区的价格，提高市场价格采集的代表性。再次，积极引导富有活力的多元收购主体入市。应积极引导多主体入市收购，发展富有活力的多元化市场购销主体，扩宽粮食收购渠道。国有粮食收购企业应积极发挥托底作用，承担起公益性的市场调节功能。通过构建富有活力的多元收购体系，大幅度提高收购市场竞争力，最大限度地挤出粮食经纪人在中间环节的寻租利益，积极营造良好的市场流通环境，建立良性且高效的粮食流通市场体系。最后，将以省（区）为单位核定市场价格模式改为以市（盟）为单位。"一省一价"的方式虽然简便易行，操作成本较低，但是不能兼顾省内不同地区的异质性，尤其在东北地区玉米生产区域广泛，各地资源禀赋截然不同的农情之下，要缩小采集市场价格的区域，做到因地制宜，提高采价效率与精准性。

通过上述分析与探讨，在玉米目标价格政策体系下，市场价格的采集工作要秉承"一市一价"准则，并在采价机制内引入监管核查机制，优化采价点的分配方式，引导多元主体入市收购，有效提高市场价格的采集精度及准度。这对于提高补贴发放效率、保证补贴科学合理性具有重要现实意义。

8.2.3 引入票证管理系统，推行半脱钩补贴方式

根据玉米销售量发放补贴，准确获取每个农户的销售量数据是必要前提。销量数据获取恰是最难解决的问题之一，但是这不意味着按照销售量发放补贴无法实现。从新疆棉花目标价格改革经验看，除个别地方外，补贴方式是按照棉花实际种植面积和籽棉交售量相结合的方式。在确定籽棉交售量时，基本农户和农业生产经营单位将籽棉交到具有合法资质的棉花加工企业，企业依据购进的籽棉数量依法开具发票。发票一式五联，包括发票联（基本农户留存）、存根联、记账联、税务机关联、企业财务联。利用这种方式，不仅操作方便、简捷，而且可以有效降低道德风险发生概率。

借鉴棉花成熟经验，本书提出建立与籽棉形式相似的书面票证与电子网络相结合的玉米收购票证管理系统，以获得每个农户实际玉米销售情况。由国家粮食部门联合工商、税务等部门，向经过资质审核的粮食贸易商发放

"玉米收购专用发票（七联）"。玉米收购主体如实填写农户姓名、身份证号、所在乡（镇、村）、玉米收购主体全称、玉米销售数量、销售单价、含水量等信息（詹琳等，2015）。第一联是玉米种植户领取购销款与差额补贴的凭证；第二联是留给玉米种植户的存根；第三、四、五联是玉米收购主体的记账、税务及财务凭证；第六联为玉米收购主体的粮款凭证，收购主体需要在收粮后将此凭证上传至银行等农村金融机构，金融机构及时将粮款和政府下发的差额补贴发放至农民"一卡通（折）"中。这种设计安排可防止农民虚报数据、多报数据等侵吞国家补贴的行为发生，有效降低道德风险发生的概率。第七联为承运联，此联归玉米运输主体所有，随货通行。为防止试点实施区域以外的玉米流入东北地区，交通部门需在一些主要通道登记运输玉米的车辆，承运联的存在可有效降低政策执行成本（图8-1）。

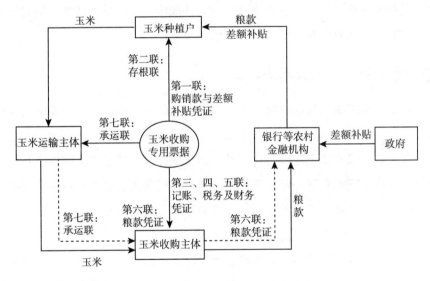

图8-1　玉米票证管理系统设计平台

注：图中虚线表示票证发放路径，实线表示实际发生的行为。

按照农业补贴是否与农民生产行为相关联，可以将补贴方式划分为完全挂钩、半脱钩和完全脱钩三种形式。半脱钩的含义是差额补贴与市场价格挂钩，与农民的生产行为完全脱钩。从美国农产品目标价格政策的发展历程来看，美国采用半脱钩的补贴方式，在通报时将其归属于空间较大的"黄箱"

非特定农产品的农业支持。"黄箱"非特定农产品补贴的微量允许空间为农业总产值的 8.5％，美国借助半脱钩的补贴方式有效规避了 WTO 对"黄箱"规则的限制。朱满德等（2015）运用 WTO 对农业综合支持量的测度方法，认为我国对粮食特定农产品的"黄箱"支持微量允许空间不大；而未来对非特定农产品的"黄箱"支持水平空间仍然较大。借鉴美国成熟经验，在发放目标价格差额补贴时，可选择实施半脱钩的补贴方式，差额补贴只与市场价格和基期玉米销售量挂钩，但是与农民当期生产行为脱钩。利用"黄箱"非特定农产品的政策支持的空间，可以规避 WTO 反补贴成员对我国的指责与反对。

建立玉米收购票证管理系统，可全面动态掌握每个玉米种植户的销售信息，规范市场交易秩序，有效解决销售信息难获取的问题，为按照玉米销售量发放补贴提供了可能，进一步减少数据获取中产生的操作成本。同时，半脱钩的补贴方式有效规避了 WTO 的约束与指责。

8.2.4 提高对政策成本的认知

纵观近年来玉米收购价格政策改革，玉米临时收储政策所引发的沉重的财政负担是改革的起因之一。若引入玉米目标价格政策，必须对政策实施后产生多少政策成本给予足够关切。基于前文的探讨，政学两界对玉米目标价格政策的成本支出存有一定的担忧不无道理，但是人们必须对目标价格政策成本存有清晰的认知及深入的了解，才能做出正确的判断。

8.2.4.1 目标价格政策的财政成本支出

从我国粮食供求关系看，当前粮食供给大于需求，但是从人口与耕地的变动趋势看，未来粮食供给将面临巨大压力，国家粮食安全面临严峻考验。根据国家统计局提供的数据，2018 年末我国①总人口为 13.95 亿人，接近 14 亿人，较 2000 年（12.67 亿人）增加 1.28 亿人，增幅达 9.18％。根据《国家人口发展规划（2016—2030 年）》的预测，2029 年全国总人口将达到

---

① 包括 31 个省、自治区、直辖市和中国人民解放军现役军人，不包括香港、澳门特别行政区和台湾省以及海外华侨人数。

历史峰值，为 14.42 亿人。随着工业化、城镇化进程的加快，全国耕地数量呈现不断减少趋势。根据《2017 年中国土地矿产海洋资源统计公报》提供的数据，2017 年末全国耕地面积 13 486.32 万公顷，较上年减少 5.77 万公顷。在人多地少的反向作用下，未来很长一段时间，粮食供给依旧面临较大压力。另外，农业生产与工业生产截然不同，农业生产受到自然条件的限制。倘若没有政策刺激或其他因素干扰，粮食产量不会在年际出现超常规的增长，即增产空间有限（姜天龙等，2017）。因此，市场上很难出现市场价格长期低于目标价格的情况，目标价格政策自然也不会产生过高财政支出。

8.2.4.2　目标价格政策的操作成本支出

目标价格政策的操作成本是政策实施过程中的重要成本支出，应从以下三个方面提高对操作成本的认知与了解。

首先，在不同的政策实施时期，操作成本不尽相同。作为一项新的政策，玉米目标价格政策出台初期必然需要大量的基础性工作，政策设计与修改、政策宣传与推广、组织管理都是初期所要支出的成本。随着政策的深入与完善，政策机制及配套措施日趋成熟完善，政策设计、修改、宣传、推广等支出自然减少，有些操作成本甚至为零，例如宣传成本。在引入玉米目标价格政策初始时期，政府相关部门应以多种手段做好政策传播工作，尽量让农民了解政策内涵、熟知政策操作方法、明确补贴核定方式及发放方式，以便更好地发挥出应有的政策效果。在政策实施中期以后，政策宣传工作落实到位，政府将无需做过多宣传。

其次，任何政策在其制定、执行的过程中都会耗费一定的人力、物力、财力，有些成本是必须产生的，有些成本是可避免的，如果政府一味追求低的政策操作成本，而将政策设计得简单粗放，实际上会支付更大的成本。例如，以田亩面积为依据发放补贴的方式虽然简便易行，但是在实践中该种方式导致农民虚假上报、重复上报播种面积的情况时有发生。

最后，前文提及的诸多配套措施不仅是实施目标价格政策必不可少的条件，更是农业现代化建设中不可或缺的基本内容。可能有学者认为这些条件过于理想化，难以实现，并且容易产生诸多操作成本，但是从农业现代化的角度看，建立并完善上述条件，是实现农业现代化的必由之路。因此，必须重视生产组织和制度等层面的"软件"建设，逐步推动农业现代化的实现。

8.3 本章小结

当前，我国实施玉米目标价格政策面临着诸多制约，若忽视引入目标价格政策面临的难题，就容易使政策的顶层设计流于预期设想，在实践中事与愿违。总而言之，必须将可能产生的难题与困难有针对性地逐一解决，努力寻找破解难题的有效路径。

从深化玉米收购价格政策改革的需求出发，对照大豆目标价格政策的经验教训，实施玉米目标价格政策主要面临四个难点：一是目标价格的测算，二是市场价格的核定，三是补贴方式存在分歧，四是对政策成本的忧虑。

在吸收国内外目标价格改革的有益启示的基础上，本章针对上述难点提出了行之有效的破解思路：一是优化目标价格测算公式，在遵循"生产成本＋基本收益"原则的基础上，全面考量农民生产成本及合理利润率，同时构建反映市场供求关系以及反映国内外比价关系的指标作为动态调整系数；二是提高市场价格采集准确率，建立采价上报工作的监督机制、遵循产量原则分配市场价格监测点、积极引入富有活力的多元收购主体入市、以市（县）为单位核定市场价格；三是构建玉米收购票证管理系统，依托此平台全面动态掌握每个玉米种植户的销售信息，推行半脱钩的补贴方式，规避WTO"黄箱"规则的约束；四是提高对政策操作成本的认知。

玉米目标价格政策的引入与实施并非一蹴而就，这是一个长期的过程，但也是一个从目前就应当着手去做的进程。

9

研究结论与研究展望

　　本书运用政策评估理论、福利经济学相关理论和农户行为理论，全方位评估了 2016—2019 年玉米"价补分离"政策的实施效果，并利用实证分析方法，重点探究了实施效果与预期目标之间的契合与偏离以及政策效果未达到预期目标的原因。在深入剖析玉米收购价格政策市场风险的基础上，提出了用玉米目标价格政策代替"价补分离"政策的进一步深化改革方向，并根据我国国情、农情及制度现状，吸收国内外目标价格改革的有益经验，对实施玉米目标价格政策可能面临的技术瓶颈与现实约束进行突破。本章的任务是归纳总结出全书的主要研究结论，在此基础上，明晰本书蕴含的政策启示，并阐述围绕玉米收购价格政策改革进一步研究的内容。

9.1 研究结论

　　基于全书分析，本书共归纳总结出以下四点结论。

　　第一，玉米"价补分离"政策实施效果喜忧参半。通过构建多维政策评估体系对玉米"价补分离"政策进行综合评估后发现，玉米"价补分离"政策实施后，社会总福利较临时收储政策时期有所提高，实现了政策公平，同时市场价格形成机制得以完善，国内外玉米价差逐渐缩小，玉米及替代品进口量大幅减少，下游企业成本压力缓解，经营状况好转，而且生产者补贴的发放使农民收益得到一定程度的保障，弥补了由价格下降导致的收益损失，东北地区调减玉米面积的效果明显，调减区域集中在玉米非核心产区。但是，玉米"价补分离"政策对农民收益的保障效果很不稳定，由此导致种植结构调整效果出现波动，在政策发挥效果的第二年（2018年），已经调减玉米播种面积的众多农民纷纷复种玉米，玉米播种面积大幅度增长，这不仅有悖于农业供给侧结构性改革的初衷，也偏离了稳定玉米播种面积的政策导向。此外，农户对玉米"价补分离"政策的认知度较低、整体满意度不高。在后续改革中，要注意优化政策设计和政策操作细节，加大政策宣传力度，以提高农民对政策的认可度，进而提高政策实施效率。

第二，生产者补贴缺乏弹性是玉米"价补分离"政策存在的主要问题。实证结果表明，政策发挥作用第一年（2017年），玉米"价补分离"政策对玉米播种面积的影响为负，第二年（2018年）该政策对玉米播种面积的影响由负变正，表明"价补分离"政策对玉米播种面积具有较大的正向冲击，与定性分析结果一致。生产者引导价格是影响农民种植结构调整行为的主要因素，并具有显著负向影响。从实践看，2017年市场供求关系变动，吉林省非核心产区玉米市场价格趋于上行，生产者补贴的发放导致生产者引导价格偏高，因此众多农民种植玉米的决策行为受到强刺激，使得2018年玉米播种面积显著回弹。从政策内在机制方面进一步分析后发现，生产者补贴并不灵活，缺乏弹性，无法根据市场价格的变动进行调整。无论市场价格是上行还是下降，国家都会根据粮食产能因素向农民发放生产者补贴，供给市场上引导农民生产决策的价格被失灵的生产者引导价格所代替，导致农民难以合理优化正常市场机制下应有的生产决策。

第三，玉米目标价格政策是进一步深化玉米收购价格政策改革的靶向措施。目标价格政策与"价补分离"政策虽然都属于直接补贴政策，且二者在完善玉米价格形成机制方面都发挥了积极作用，但是通过经济学原理和实施效果的比较发现，目标价格政策在保障农民基本收益、引导农民合理安排生产方面较"价补分离"政策更具有优越性。对大豆目标价格政策终结的原因进行梳理后发现，政策设计不完善、操作流程不规范、缺少相关配套措施是其退出的原因。由"价补分离"政策转向玉米目标价格政策是进一步深化玉米收购价格政策改革的优选方向与靶向措施。

第四，实施玉米目标价格政策面临诸多难点，但是并非无解，只要采取相应举措，这些障碍与约束都可以逐步破解。对照大豆目标价格政策的经验，实施玉米目标价格政策的难点主要包括目标价格的测算、市场价格的核定、补贴方式的选择以及对政策成本的担忧。在吸收国外成熟经验的基础上，依据我国国情、农情，可从以下几个方面破解这些难点。一是优化目标价格测算公式，在遵循"生产成本＋基本收益"原则的基础上，全面考量农民生产成本及合理利润率，同时构建反映市场供求关系以及反映国内外比价关系的指标作为动态调整系数。二是提升市场价格采集准确率，建立采价上报工作的监督机制，遵循产量原则分配市场价格监测点，积极引入富有活力的多元收购主体入市，以市（县）为单位核定市场价格。三是构建玉米收购票证管理系统，全面动态掌握每个玉米种植户的销售信息；推行半脱钩补贴方式，利用"黄箱"非特定农产品的政策支持的空间。四是建立农业基础数据系统、完善监督管理机制等。五是提高对目标价格政策的财政支出和政策操作成本的认知。

9.2 研究展望

本书围绕玉米收购价格政策改革进行了全面、系统且深入的研究与探讨，在深刻总结现行政策改革成效及问题的基础上，提出了进一步深化改革的新举措，并依据我国国情、农情及制度现状及国内外经验启示，对实施难点进行一一突破，提出了具体的实现路径。时至 2024 年，此轮玉米收购价格政策改革已推行 8 年有余，其在促进粮食增产、增强市场竞争力、带动相关产业发展等方面的积极影响逐渐扩大，但是也逐渐显现出对粮食提质、财政成本、土地租金等方面的影响。遵循本书的研究思路，未来可进一步研究的方向如下：

第一，基于成熟计量方法对玉米"价补分离"政策进行中长期的实施效果评估。本书重点探究了 2016—2019 年玉米"价补分离"政策的初期实施效果，可能有一些效果尚未完全释放，随着政策实施时间维度的增加，政策效果将会进一步释放。因此，今后研究方向可利用更多样的公共政策分析方法及成熟的计量方法对"价补分离"政策中长期实施效果进行实证分析与探讨。

第二，探寻水稻、小麦、大豆等作物收购价格政策市场化改革的方向与出路。改革和完善玉米收购价格政策并不意味着其他粮食作物收购价格政策无须改革，实际上，水稻、小麦、大豆等作物也面临着与玉米相似的挑战与压力，接下来的研究重点应从玉米收购价格政策改革中反思，积极探索其他作物的市场化改革之路。

在农业供给侧结构性改革和乡村振兴战略的蓝图之下，深化农产品价格形成机制改革，完善粮食等重要农产品的价格政策，保障国家粮食安全，仍然是当前和今后一个时期的研究重点。

参 考 文 献

A. V. 恰亚诺夫，1996. 农民经济组织 [M]. 萧正洪，译. 北京：中央编译出版社.

阿瑟·赛西尔·庇古，1920. 福利经济学 [M]. 伦敦：麦克米伦出版社.

白岩，2009. 东北玉米国家临时收储政策实效浅析——以 2008/2009 年度为例 [J]. 农业经济（10）：42-43.

彼得斯拉法，2011. 大卫·李嘉图著作通讯集第一卷：政治经济学及赋税原理 [M]. 郭大力，王亚南，译. 北京：商务印书馆.

蔡海龙，马英辉，关佳晨，2017. 价补分离后东北地区玉米市场形势及对策 [J]. 经济纵横（6）：88-94.42-43.

曹建军，1998. 当前粮食保护价政策分析 [J]. 中国农村经济（8）：21-27.

陈池波，江喜林，吕明霞，2012. 从以农补工到反哺农业：对农业补贴短期与长期涵义的探讨 [J]. 农业经济问题，33（12）：19-27，110.

陈菲菲，石李陪，刘乐，2016. 大豆目标价格补贴政策效果评析 [J]. 中国物价（8）：63-66.

陈国庆，2006. 统购统销政策的产生及其影响 [J]. 学习与探索（2）：207-209.

陈纪英，2009. 惠农粮价"托底"玉米加工业率先"受伤"[N]. 中国经营报，2009-01-05（A03）.

陈锡文，2008. 中国农村改革 30 年回顾与展望 [M]. 北京：人民出版社.

陈锡文，等，2018. 中国农村改革 40 年 [M]. 北京：人民出版社.

陈育新，2012. 论农村信用社的道德风险 [J]. 现代经济信息（21）：213.

陈振明，2003. 政策科学——公共政策分析导论 [M]. 北京：中国人民大学出版社.

陈振明，2004. 公共政策学——政策分析的理论、方法和技术 [M]. 北京：中国人民大学出版社.

陈振明，黄强，骆沙舟，1993. 政策科学原理 [M]. 福建：厦门大学出版社.

程百川，2016. 构建更有竞争力的农产品补贴体系——从玉米产业说开去 [J]. 农业经济问题（1）：10-15，110.

程国强, 2009. 发达国家农业补贴政策的启示与借鉴 [J]. 红旗文稿 (15)：22-24.

程国强, 2014. 坚持市场定价原则完善农产品价格形成机制 [J]. 上海农村经济 (3)：47.

程国强, 2016. 我国粮价政策改革的逻辑与思路 [J]. 农业经济问题, 37 (2)：4-9.

程国强等, 2011. 中国农业补贴：制度设计与政策选择 [M]. 北京：中国发展出版社.

程继斌, 2016. 收益难以完全实现大豆目标价改需完善 [N]. 粮油市场报, 2016-06-18 (B01).

戴冠来, 2009. 粮食目标价格的地位和作用 [J]. 中国物价 (10)：28-30.

邓大才, 2002. 粮食流通制度变迁的路径依赖与创新选择 [J]. 湖南农业大学学报 (社会科学版) (2)：8-13.

翟雪玲, 李冉, 2015. 价格补贴试点与政策匹配：例证棉花产业 [J]. 改革 (10)：89-100.

丁声俊, 2016. 玉米供求的阶段性转变与收储制度改革 [J]. 价格理论与实践 (8)：25-28.

丁声俊, 2017. 玉米收储制度改革的进展及深化改革的措施 [J]. 价格理论与实践 (3)：5-9.

丁声俊, 2014. 对建立农产品目标价格制度的探索 [J]. 价格理论与实践 (8)：9-13.

樊琦, 祁华清, 2017. 我国粮食价格支持政策的市场化转型路径研究 [M]. 北京：经济日报出版社.

方燕, 李磊, 2016. 我国大豆目标价格政策实行效果的研究评价——基于大豆价格波动差异性的实证研究 [J]. 价格理论与实践 (12)：49-51.

冯海发, 2014. 对建立我国粮食目标价格制度的思考 [J]. 农业经济问题, 35 (8)：4-6.

弗兰克·艾利思, 2006. 农民经济学——农民家庭农业和农业发展 [M], 胡景北, 译. 上海：上海人民出版社.

耿仲钟, 2018. 我国农业支持保护补贴政策效果研究 [D]. 北京：中国农业大学.

耿仲钟, 肖海峰, 2015. 最低收购价政策与目标价格政策的比较与思考 [J]. 新疆大学学报 (哲学·人文社会科学版), 43 (4)：26-30.

宫斌斌, 郭庆海, 2019. 现阶段农村地租：水平、影响因素及其效应 [J]. 农村经济 (3)：23-32.

宫斌斌, 杨宁, 2018. 美国农产品目标价格制度演变及其对我国的启示 [J]. 价格月刊 (11)：1-4.

宫斌斌, 杨宁, 刘文明, 等, 2017. 我国玉米目标价格政策的内涵及要点分析 [J]. 中国农机化学报, 38 (9)：106-109.

顾莉丽, 郭庆海, 2017. 玉米收储政策改革及其效应分析 [J]. 农业经济问题, 38 (7)：

72-79.

顾莉丽，郭庆海，高璐，2018. 我国玉米收储制度改革的效应及优化研究——对吉林省的个案调查 [J]. 经济纵横（4）：106-112.

顾智鹏，曹宝明，赵霞，2016. 粮食目标价格政策的实施效果分析——基于 2015 年黑龙江省大豆主产区的调查 [J]. 价格理论与实践，(2)：77-80.

广东省价格协会课题组，文武汉，2010. 建立广东稻谷目标价格政策研究 [J]. 市场经济与价格（1）：10-16.

郭庆海，2013. 新型农业经营主体功能定位及成长的制度供给 [J]. 中国农村经济（4）：4-11.

郭庆海，2015. 玉米主产区：困境、改革与支持政策——基于吉林省的分析 [J]. 农业经济问题（4）：4-10，110.

郭庆海，2017. 玉米产业供给侧结构性改革难点探析 [J]. 农业经济与管理（1）：5-11.

郭庆海，2018. 小农户：属性、类型、经营状态及其与现代农业衔接 [J]. 农业经济问题（6）：25-37.

国家粮食局课题组，2009. 粮食支持政策与促进国家粮食安全研究 [M]. 北京：经济管理出版社.

韩冰，曲春红，李思经，2017. 美国农产品目标价格政策演变及其对中国的启示 [J]. 农业展望，13（5）：30-35.

贺超飞，于冷，2018. 临时收储政策改为目标价格制度促进大豆扩种了么？——基于双重差分方法的分析 [J]. 中国农村经济（9）：29-46.

贺伟，朱善利，2011. 我国粮食托市收购政策研究 [J]. 中国软科学（9）：10-17.

洪雁，何晓林，2006. 基于帕累托最优的公平性探讨 [J]. 科技创业月刊（11）：175-176.

胡迪，刘婷，薛平平，等，2019. 我国粮食目标价格补贴政策的作用机制分析 [J]. 江苏社会科学（4）：107-113.

胡迪，杨向阳，王舒娟，2019. 大豆目标价格补贴政策对农户生产行为的影响 [J]. 农业技术经济（3）：16-24.

胡耀国，1998. 价格机制与市场机制 [J]. 价格月刊（6）：7-8.

华奕州，黄季焜，2017. 粮食收购双轨制改革与粮食生产：以小麦为例 [J]. 农业经济问题，38（11）：59-66.

黄季焜，王丹，胡继亮，2015. 对实施农产品目标价格政策的思考——基于新疆棉花目标价格改革试点的分析 [J]. 中国农村经济（5）：10-18.

吉林省物价局粮价课题组，李志隆，屈校民，2010. 关于实行玉米目标价格政策的探讨 [J]. 价格理论与实践（4）：36-39.

贾娟琪，2017. 我国主粮价格支持政策效应研究 [D]. 北京：中国农业科学院.

姜天龙，郭庆海，2017. 玉米目标价格改革：难点及其路径选择 [J]. 农村经济（6）：19-27.

姜长云，杜志雄，2017. 关于推进农业供给侧结构性改革的思考 [J]. 南京农业大学学报（社会科学版），17（1）：1-10，144.

蒋辉，张康洁，2016. 粮食供给侧结构性改革的当前形势与政策选择 [J]. 农业经济问题，37（10）：8-17，110.

蒋黎，2016. 完善农产品目标价格改革的思考与建议 [J]. 价格理论与实践（2）：73-76.

卡尔·帕顿，大卫·沙维奇，2001. 政策分析和规划的初步方法 [M]. 北京：华夏出版社.

柯炳生，2018. 三种农业补贴政策的原理与效果分析 [J]. 农业经济问题，（8）：4-9.

孔祥平，许伟，2010. 关于建立粮食目标价格的几点思考 [J]. 价格理论与实践（3）：15-16.

孔祥智，张效榕，2017. 新一轮粮食价格改革：背景与方向 [J]. 价格理论与实践（1）：15-19.

冷崇总，1997. 谈谈价格机制的内容 [J]. 市场经济管理（3）：17-20.

冷崇总，2015. 关于农产品目标价格制度的思考 [J]. 价格月刊（3）：1-9.

李邦熹，2016. 小麦最低收购价政策效应及福利效果研究 [D]. 湖北：华中农业大学.

李登旺，韩磊，2019. 重要农产品价格形成机制改革背景下粮食型家庭农场发展困境与对策研究 [J]. 价格理论与实践（1）：35-39.

李光泗，郑毓盛，2014. 粮食价格调控、制度成本与社会福利变化——基于两种价格政策的分析 [J]. 农业经济问题，35（8）：6-15，110.

李国祥，2017. 深化我国粮食政策性收储制度改革的思考 [J]. 中州学刊（7）：31-37.

李林茂，余耀明，2011. 关于粮食目标价格的思考 [J]. 价格月刊（4）：1-3，10.

林海，2003. 农民经济行为的特点及决策机制分析 [J]. 理论导刊（4）：28-30.

林毅夫，1991. 关于制度变迁的经济学理论：诱致性制度变迁与强制性制度变迁 [M]. 上海：上海三联出版社.

刘慧，2015. 农产品目标价格改革试点进展情况研究 [M]. 北京：中国农业出版社.

刘慧，秦富，陈秋分，等，2016. 大豆目标价格改革试点进展情况的个案研究 [J]. 经济纵横（2）：73-77.

刘慧，秦富，赵一夫，2018. 玉米收储制度改革背景下北方旱作区农户杂粮种植影响因素分析——基于内蒙古自治区、辽宁省 411 个农户的调查数据 [J]. 中国农业资源与区划，39（4）：1-6，89.

刘慧，薛凤蕊，周向阳，等，2018. 玉米收储制度改革对东北主产区农户种植结构调整意愿的影响——基于吉林省 359 个农户的调查数据 [J]. 中国农业大学学报，23（11）：187-195.

刘慧，赵一夫，周向阳，等，2017. 北方农牧交错区玉米结构调整进展调查与推进建议 [J]. 经济纵横（1）：83-88.

刘克春，2010. 粮食生产补贴政策对农户粮食种植决策行为的影响与作用机理分析——以江西省为例 [J]. 中国农村经济（2）：12-21.

刘圣陶，2006. 粮食统购统销政策形成的原因、特征及启示 [J]. 求索（4）：227-229.

柳苏芸，2017. 我国大豆目标价格补贴政策及其效果研究 [D]. 北京：中国农业大学.

卢凌宵，刘慧，秦富，等，2015. 我国农产品目标价格补贴试点研究 [J]. 农业经济问题（7）：46-51，111.

陆娅楠，2014. 农产品定价机制改革破冰 [J]. 农村经营管理（8）：26-27.

马克思，1988. 资本论第三卷 [M]. 中共中央马克思恩格斯列宁斯大林著作编译局，译. 北京：人民出版社.

梅星星，冯中朝，2014. 我国油菜籽目标价格制度的设计及对策分析 [J]. 价格理论与实践（12）：35-37.

农业部农业贸易促进中心课题组，倪洪兴，徐宏源，等，2014. 我国玉米产业面临的挑战与政策选择 [J]. 农业经济问题，35（1）：30-37.

普冀喆，吕新业，钟钰，2019. 主要国家（地区）粮食收储政策演进脉络及启示 [J]. 中国农村经济（11）：116-138.

普冀喆，钟钰，2019. 市场化导向下的中国粮食收储制度改革：新风险及应对举措 [J]. 农业经济问题（7）：10-18.

齐皓天，徐雪高，王兴华，2016. 美国农产品目标价格补贴政策演化路径分析 [J]. 中国农村经济（10）：82-93.

秦中春，2015. 国外农产品目标价格制度的分析与借鉴 [J]. 区域经济评论（3）：41-51.

秦中春，2015. 引入农产品目标价格制度的理论、方法与政策选择 [M]. 北京：中国发展出版社.

阮荣平，刘爽，郑风田，2020. 新一轮收储制度改革导致玉米减产了吗：基于 DID 模型

的分析 [J]. 中国农村经济 (1)：86 - 107.

舒坤良，王洪丽，刘文明，等，2016. 吉林省玉米供给侧结构性改革路径与对策研究
[J]. 玉米科学，24 (6)：165 - 169.

隋丽莉，郭庆海，2018. "价补分离"政策对玉米种植结构调整效应研究——基于吉林
省调研数据的分析 [J]. 价格理论与实践 (12)：95 - 98.

孙庭阳，2019. 统购统销政策的建立与变革 [J]. 中国经济周刊 (18)：27 - 28.

谭砚文，马国群，岳瑞雪，2019. 国外农产品最低支持价格政策演进及其对中国的启示
[J]. 农业经济问题 (7)：123 - 133.

谭砚文，杨重玉，陈丁薇，等，2014. 中国粮食市场调控政策的实施绩效与评价 [J].
农业经济问题 (5)：87 - 98，112.

田聪颖，2018. 我国大豆目标价格补贴政策评估研究 [D]. 北京：中国农业大学.

田聪颖，肖海峰，2016. 农产品目标价格补贴政策的国际比较与启示 [J]. 经济纵横
(1)：123 - 128.

田聪颖，肖海峰，2018. 目标价格补贴与生产者补贴的比较：对我国大豆直补方式选择
的思考 [J]. 农业经济问题 (12)：107 - 117.

田锡全，2007. 1953 年粮食危机与统购统销政策的出台 [J]. 华东师范大学学报 (哲学
社会科学版) (5)：54 - 60.

童馨乐，胡迪，杨向阳，2019. 粮食最低收购价政策效应评估——以小麦为例 [J]. 农
业经济问题 (9)：85 - 95.

汪希成，秦彦腾，2016. 农产品目标价格补贴制度研究的理论困境——基于农产品目标
价格补贴制度研究进展 [J]. 农村经济 (2)：14 - 19.

王国华，2014. 日本农业生产者户别收入补贴制度研究 [J]. 现代日本经济 (5)：54 - 61.

王国华，2015. 日本粮食直接补贴政策演进分析 [J]. 粮食科技与经济，40 (2)：20 -
23，30.

王瑞祥，2003. 政策评估的理论、模型与方法 [J]. 预测 (3)：6 - 11.

王文涛，2010. 完善粮食宏观调控政策的建议 [J]. 经济研究参考 (36)：25.

王文涛，2011. 粮食目标价格和反周期补贴政策研究——基于市场化国际化背景下的分
析 [J]. 价格理论与实践 (12)：35 - 36.

王文涛，王富刚，2018. 贸易摩擦背景下玉米生产者补贴制度的经济效应及政策优化
[J]. 湘潭大学学报 (哲学社会科学版)，42 (6)：17 - 23.

王文涛，张美玲，2019. 我国粮食生产者补贴制度渊源、理论基础与改革方向 [J]. 农

村经济（2）：39-46.

王文涛，张秋龙，2016. 大豆目标价格补贴政策效应的理论分析及整体性框架建议［J］. 湖南师范大学社会科学学报（2）：126-134.

王文涛，张秋龙，聂挺，2015. 大豆目标价格补贴试点政策评价及完善措施［J］. 价格理论与实践（7）：28-30.

王向阳，2014. 我国农产品差价补贴试点政策评析［J］. 经济研究参考，12：5-9.

王雅鹏，李霜，2018. 探寻中国粮食价格和收储制度市场化改革之路——评《我国粮食价格支持政策的市场化转型路径研究》一书［J］. 农业经济问题（10）：141-142.

王永春，王秀东，2008. 美国农业生产者补贴及其对我国的启示［J］. 农业经济问题（S1）：199-205.

王玉斌，陈慧萍，谭向勇，2006. 中美粮食补贴政策比较［J］. 农业经济问题（12）：34-40，80.

王镇江，2014. 当前农发行支持托市收购中面临的问题及建议［J］. 农业经济问题，35（3）：32-36.

威廉·N. 邓恩，2002. 公共政策分析导论［M］. 北京：中国人民大学出版社.

吴海霞，葛岩，2016. 粮食托市收购政策效应评估——以玉米临储政策为例［J］. 华中农业大学学报（社会科学版）（6）：56-63，144.

伍世安，2012. 关于粮食目标价格的再认识［J］. 价格理论与实践（8）：24-25.

武舜臣，吴闻潭，蒋文斌，2017. 目标价格是应对"托市困局"的良方吗？——对当前国内价格改革效果的再思考［J］. 当代经济管理，39（1）：36-40.

西奥多·W. 舒尔茨，2006. 改造传统农业［M］. 梁小民，译. 北京：商务印书馆.

谢敬，2003. 对统购统销政策运行三十余年的回顾与评析［J］. 江西社会科学（4）：108-110.

辛翔飞，张怡，王济民，2016. 我国粮食补贴政策效果评价——基于粮食生产和农民收入的视角［J］. 经济问题（2）：92-96.

徐更生，1989. 农业政策与立法［J］. 农业经济问题（3）：41-44.

徐田华，2018. 农产品价格形成机制改革的难点与对策［J］. 农业经济问题（7）：70-77.

徐雪高，沈贵银，2014. 美国农产品市场信息服务的做法与启示［J］. 宏观经济管理（12）：81-83.

徐志刚，习银生，张世煌，2010. 2008/2009年度国家玉米临时收储政策实施状况分析［J］. 农业经济问题（3）：16-23，110.

徐志刚，张世煌，2017. 新常态下我国玉米产业安全问题与发展策略 [J]. 农业经济与管理 (1)：12-16，35.

许敏兰，宇红，2008. 农产品补贴与可持续性发展——欧盟的经验及对中国的启示 [J]. 中国集体经济 (7)：142-143.

亚当·斯密，2011. 国富论 [M]. 郭大力，王亚南，译. 北京：商务印书馆.

杨蕾，钱小平，陈永福，等，2016. 河北省玉米供给反应研究——基于2003～2010年农户层面的动态面板分析 [J]. 中国农业资源与区划，37 (7)：78-86.

杨树果，何秀荣，2014. 中国大豆产业状况和观点思考 [J]. 中国农村经济 (4)：32-41.

姚志，谢云，2016. 玉米临时收储价格政策实施效果与改制原因分析 [J]. 价格月刊 (11)：26-30.

游凤，黎东升，2014. 实行粮食目标价格制度的难点与对策分析 [J]. 广东农业科学，18：172-175.

詹琳，蒋和平，2015. 粮食目标价格制度改革的困局与突破 [J]. 农业经济问题 (2)：14-20，110.

詹姆斯·C. 斯科特，2001. 农民的道义经济学：东南亚的反叛与生存 [M]，程立显，等，译. 南京：译林出版社.

詹姆斯·E. 安德森，1990. 公共决策 [M]. 北京：华夏出版社.

张崇尚，陈菲菲，李登旺，等，2017. 我国农产品价格支持政策改革的效果与建议 [J]. 经济社会体制比较 (1)：71-79.

张川川，John Giles，赵耀辉，2015. 新型农村社会养老保险政策效果评估——收入、贫困、消费、主观福利和劳动供给 [J]. 经济学（季刊）(1)：203-230.

张传文，2010. 新型农村合作医疗的道德风险问题研究 [D]. 芜湖：安徽师范大学.

张杰，杜珉，2016. 新疆棉花目标价格补贴实施效果调查研究 [J]. 农业经济问题，37 (2)：9-16，110.

张晶，王克，2016. 农产品目标价格改革试点：例证大豆产业 [J]. 改革 (7)：38-45.

张俊峰，于冷，2019. 玉米临储的"政策成本" [J]. 农业经济问题 (11)：45-59.

张雷，高名姿，陈东平，2017. 政策认知、确权方式与土地确权的农户满意度 [J]. 西部论坛，27 (6)：33-41.

张磊，李冬艳，2017. 玉米收储政策改革带来的新问题及其应对——以吉林省为例 [J]. 中州学刊 (7)：38-43.

张千友，2011. 粮食目标价格：内涵、障碍与突破 [J]. 价格理论与实践 (3)：21-22.

张淑萍，2012. 粮食价格机制对农户种粮激励作用的分析——基于河南省的调查 [J].
调研世界（10）：32-37.

张天佐，郭永田，杨洁梅，2018. 基于价格支持和补贴导向的农业支持保护制度改革回
顾与展望 [J]. 农业经济问题（11）：4-10.

张晓武，2016. 借鉴国际经验建立我国农产品目标价格的探索 [J]. 价格月刊（2）：27-30.

张义博，黄汉权，涂圣伟，2017. 玉米收储制度改革的成效、问题及建议——基于黑龙
江省绥化市的调查 [J]. 中国经贸导刊（16）：50-52.

张永强，蒲晨曦，2018. 日本大米政策的演变及启示 [J]. 现代日本经济（3）：71-84.

张志栋，2017. 供给侧改革背景下饲料粮市场供需形势分析与展望 [J]. 中国猪业，12
（2）：13-15.

张治华，1997. 价格对我国粮食生产影响的实证分析及政策建议 [J]. 中国农村经济
（9）：11-18.

长谷川启之，1995. 经济政策的理论基础 [M]. 梁小民，译. 北京：中国计划出版社.

赵德余，2017. 中国粮食政策史：1949-2008 [M]. 上海：上海人民出版社.

郑鹏，熊玮，2016. 农产品目标价格政策研究的理论困境与突破方向——一个元分析
[J]. 江西社会科学，36（11）：73-79.

郑适，2016. 玉米"三量齐增"与供给侧结构性改革政策研究 [J]. 价格理论与实践
（8）：29-32.

钟钰，陈博文，孙林，等，2014. 泰国大米价格支持政策实践及启示 [J]. 农业经济问
题，35（10）：103-109，112.

周黎安，陈烨，2005. 中国农村税费改革的政策效果：基于双重差分模型的估计 [J].
经济研究（8）：44-53.

朱满德，2014. 农产品价格支持和直接补贴政策功能与效果的比较——一个经验性的综
述 [J]. 贵州大学学报（社会科学版），32（2）：29-34，66.

祝华军，楼江，田志宏，2018. 农业种植结构调整：政策响应、相对收益与农机服务——
来自湖北省541户农民玉米种植面积调整的实证 [J]. 农业技术经济（1）：111-121.

Andrius Kazukauskas, Carol Newman, Daragh Clancy, et al, 2013. Disinvestment,
Farm Size, and Gradual Farm Exit: The Impact of Subsidy Decoupling in European
Context [J]. American Journal of Agricultural Economics, 95 (5).

David A H, 1998. The Production Effects of Agricultural Income Support Policies under
Uncertainty [J]. American Journal of Agricultural Economics (1).

David R J, Jaclyn D K, 2013. Production Incentives from Static Decoupling: Land Use Exclusion Restrictions [J]. American Journal of Agricultural Economics, 95 (5).

Easterlin R A, 2001. Life cycle welfare: Evidence and conjecture [J]. The Journal of Socio‐Economics, 30 (1): 31‐61.

Happe K, Balmann A, 2003. Structural, Efficiency and Income Effects of Direct Payments. Proceedings of the ZSm International Conference of Agricultural Economics (IAAE) Reshaping Agriculture's Contributions to Society [J]. Durban. Sudafrika (1): 8‐16.

James P B, Thia C H, Fiona S T, 2005. The effect of decoupling on the decision to produce: An Irish case study [J]. Food Policy, 30 (2).

Jesús Antón, Chantal Le Mouël, 2004. Do counter‐cyclical payments in the 2002 US Farm Act create incentives to produce? [J]. Agricultural Economics, 31 (2).

Lasswell H D, 1970. The Emerging Conception of Policy Science [J]. Policy Science: 3‐14.

Makki S S, Johnson D, Somwaru A, 2005. Farm Level Effects of Counter‐Cyclical Payments [R]. American Agricultural Economics Association.

Mary Sébastien, 2013. To which extent are counter‐cyclical payments more distorting than single farm payments? Evidence from a farm household model [J]. European Review of Agricultural Economics, 40 (4): 685‐706.

Mary Clare Ahearn, Hisham El‐Osta, Joe Dewbre, 2006. The Impact of Coupled and Decoupled Government Subsidies on Off‐Farm Labor Participation of U. S. Farm Operators [J]. American Journal of Agricultural Economics, 88 (2).

Noel D Uri, 1989. Target prices, market prices, and economic efficiency in agriculture in the United States [J]. Journal of Consumer Policy, 12 (1).

Patton M, Kostov P, Mcerlean S, 2008. Assessing the influence of direct payments on the rental value of agricultural land [J]. Food Policy, 33 (5): 397‐405.

Popkin Samuel L, 1979. The Rational Peasant: The Political Economy of Rural Society in Vietnam [M]. California: University of California Press.

Richardson J W, Ray D E, Ericksen M H, 1975. A simulation analysis of alternative target price and loan rate combinations [J]. Southern Journal of Agricultural Economics, 7 (2).

Schnitkey Gary, Good Darrel, 2014. Historical Variability of Soybean and Wheat Market

Year Average Prices and Price Loss Coverage Payments [J]. Farmdoc Daily, 4.

Sharma, Sachin Kumar, 2014. Counter - Cyclical Payments under Doha Negotiations: An Analysis of Agricultural Subsidy Programme of the US [J]. Agricultural Economics Research Review, 27 (2): 209.

Troy G S, Tim Highmoor, Andrew Schmitz, 2002. Termination of the WGTA: An Examination of Factor Market Distortions, Input Subsidiesanc Compensation [J]. Canadian Journal of Agricultural Economics/Revuecanadienned'agroeconomie, 50 (3).

Vercammen J. 2007. Farm bankruptcy risk as a link between direct payments and agricultural investment [J]. European Review of Agricultural Economics, 34 (4).

Westcott Paul C, 2011. Counter - Cyclical Payments Under the 2002 Farm Act: Production Effects Likely to be Limited [J]. Choices, 20 (3): 201 - 205.

William Lin, Robert Dismukes, 2007. Supply Response under Risk: Implications for Counter - Cyclical Payments' Production Impact [J]. Applied Economic Perspectives and Policy, 29 (1).

附　录

农户玉米种植成本收益调研问卷

____省　____市　____县　____乡镇　____村

调研时间：____年____月____日　问卷编号：____

被访者姓名：____　联系方式：____

调查员姓名：____　联系方式：____

吉林农业大学经济管理学院

一、农户基本特征

A1	A2	A3	A4	A5	A6	A7	A8	A9	A10	A11
样本年龄	性别	受教育年限	务农时间	家庭人口数量	家庭劳动力数量	外出打工数量	2018家庭年收入	2018种植业收入	2018其他收入	2018家庭耕地面积
岁	1男2女	年	年	人	人	人	元	元	元	公顷

A12	A13	A14	A15	A16	A17	A18	A19	A20	A21	A22
2018转入耕地面积	2018转出耕地面积	2018流转土地难易程度	2018地块数	是否参加合作社	合作社的类型	合作社的名称	合作社对您是否有帮助	是否接受过农业技术培训	培训内容	您对2019玉米价格预期
公顷	公顷	1很难 2较难 3一般 4较容易 5很容易	块	1是 2否	代码1	—	1是 2否	1是 2否	—	1上涨 2大体不变 3降低

代码1：1种植；2养殖；3农机；4供销；5资金互助；6其他（请注明）

二、2016—2018 年粮食内部生产情况

作物种类	2016 年		2017 年		与 2016 年相比	2018 年		与 2017 年相比
	面积（公顷）	产量（斤）	面积（公顷）	产量（斤）	面积变化原因	面积（公顷）	产量（斤）	面积变化原因
玉米	B1	B2	B3	B4	B5	B6	B7	B8
水稻	B9	B10	B11	B12	B13	B14	B15	B16
大豆	B17	B18	B19	B20	B21	B22	B23	B24
其他	B25	B26	B27	B28	B29	B30	B31	B32

三、2013—2018 年玉米生产成本及收益情况

年份	生产支出（元/公顷）						雇工工资支出（元）	土地租金（元/公顷）	其他支出（元）	播种面积（公顷）	价格（元/斤）	产量（斤）
	种子	化肥	农药	机械作业	水电油费	其他					玉米	玉米
2013	C1	C2	C3	C4	C5	C6	C7	C8	C9	C10	C11	C12
2014	C13	C14	C15	C16	C17	C18	C19	C20	C21	C22	C23	C24
2015	C25	C26	C27	C28	C29	C30	C31	C32	C33	C34	C35	C36
2016	C37	C38	C39	C40	C41	C42	C43	C44	C45	C46	C47	C48
2017	C49	C50	C51	C52	C53	C54	C55	C56	C57	C58	C59	C60
2018	C61	C62	C63	C64	C65	C66	C67	C68	C69	C70	C71	C72

四、玉米销售情况（2017—2018 年）

年份	销售时间	销售给公司		销售给商贩		自己在市场销售		销售给合作社		交换其他农产品
		数量（斤）	金额（元）	数量（斤）	金额（元）	数量（斤）	金额（元）	数量（斤）	金额（元）	（斤）
2017	D1	D2	D3	D4	D5	D6	D7	D8	D9	D10
2018	D11	D12	D13	D14	D15	D16	D17	D18	D19	D20

五、玉米"价补分离"政策实施情况

E1	E2	E3	E4	E5	E6	E7	E8	E9	E10
您了解玉米"价补分离"政策吗？	您是否知道生产者补贴发放标准？	2016—2018年玉米生产者补贴金额分别是多少？	您是否知道生产者补贴发放依据？	若知道，具体按照什么依据发放？	是否到您家进行过种植面积统计？	各家补贴的种植面积是否进行过公示？	公示后结果有没有调整？	您领取玉米生产者补贴资金的方式是？	您所在村对玉米生产者补贴发放情况公示了吗？
1. 非常了解 2. 比较了解 3. 一般了解 4. 听说过 5. 不知道	1 是 2 否	元/公顷	1 是 2 否	依据发放？	1 是 2 否	1 是 2 否	1 是 2 否	1 一卡通存折 2 直接领取现金 3 其他方式	1 有 2 没有 3 不清楚

六、玉米"价补分离"政策满意度

内容	非常满意	比较满意	一般	不满意	很不满意
F1. 您觉得玉米"价补分离"政策总体怎么样？					
F2. 您对生产者补贴标准满意吗？					
F3. 您对生产者补贴依据满意吗？					
F4. 您对种植面积统计结果满意吗？					
F5. 您对补贴公布时间满意吗？					
F6. 您对补贴资金发放方式满意吗？					
F7. 您对政府政策宣传工作满意吗？					

注：请在相应框内打"√"。

后　记

　　本书是在博士学位论文的基础上完成的，结合当前阶段玉米收购价政策在促进粮食增产、增强市场竞争力、带动相关产业发展等方面的积极作用作了相关论述。从最初的构思到研究方案的设计，以及整个研究过程，都离不开郭庆海教授的悉心指导。

　　衷心感谢我的恩师郭庆海教授，是您带我推开了学术世界的大门。教书育人，传道解惑，您用宽广的理论视野、渊博的学识涵养、严谨的治学态度、厚朴的为人品格深深地影响着我。何其幸运，我能成为您的学生！您说，做科研没有捷径，不要怕出错，不要怕走弯路，脚踏实地、按部就班地写下去。您说，做科研是苦闷的，但是克服困难后的欣喜是值得的。您说，要做一个有思想的学者，不随波逐流。您是我人生关键阶段的引路人，是我今后道路上努力的方向，您的教诲永远指引着我前进。同时感谢师母王振林教授在生活上对我无微不至的关心。千言万语，唯剩感恩。

　　感谢刘帅师兄在书稿撰写过程中给予的极大帮助与鼓励。从本科到硕士，再到如今博士即将毕业，您见证了我在吉林农业大学九年的成长，在学习和生活上给予了我莫大的关心和帮助。师兄工作繁忙，不惜放弃休息时间坚持为我们开组会，营造了良好学术氛围，培养了我严谨的学术素养，此份亦师亦友的情谊永难忘。感谢姜会明老师、顾莉丽老师、张守莉老师、姜天龙师兄、郭修平师兄对我书稿提出了诸多宝贵意见，不仅在写作过程中给予我启迪，也在生活中给予我帮助与关怀。同时，感谢师姐刘文明、隋丽莉、李晶晶、赵悦、田雨露，师姐兼同窗费红梅，师兄陈忠明、吴迪、袁秋飞，以及田帅和师弟余晓洋、翁升州、牛登霄、杨瑞强、张惠民，师妹李晨曦、朱思睿、吕一、高璐、姜莹、朱丽、刘雪莹，谢谢你们对我的关心与照顾，在521一起努力奋斗的岁月令我终生难忘。没有不分别的路口，但你们是我最珍惜的朋友！

感谢经济管理学院的各位领导与老师。感谢张越杰教授、曹建民教授、姜会明教授、范静教授、杨子刚教授、王桂霞教授、郝庆升教授提出的宝贵意见。同时感谢王艳华老师、丰烨老师、崔宝华老师等经济管理学院的诸位老师在我学习生活中的关心与鼓励，是你们让我感受到家的温暖。衷心祝愿各位老师身体健康，桃李满园。

感谢我的爸爸妈妈，谢谢你们一直以来的支持与鼓励。寒窗苦读20余载，正是你们坚忍不拔的品格、脚踏实地的作为、严于律己的精神作风，潜移默化地影响着我人生的每一个阶段，让我有勇气渡过艰辛的读博生涯。尤其要感谢我的妈妈，没有您的教导与指引，就没有今天的我。您是我的榜样，我的灯塔，我的风向标。同时感谢我的姐姐和妹妹，你们不仅帮我分担了照顾父母的责任，也时常在物质和精神上给予我支持与鼓励。

特别感谢我的杨先生，十多万字的书稿，你陪我读了一遍又一遍，改了一稿又一稿，其中的心酸，我们心照不宣。是你的陪伴、支持与鼓励才让我有足够的勇气面对生活中的些许不如意。

最后，送给亲爱的自己：谢谢你很努力，谢谢你没放弃。3 000多个日夜，痛哭过、彷徨过、自我否定过，但是你还是坚持走到了这里，找到了自己的一生热爱。在今后的岁月里，愿你不骄不躁，自律谦卑，初心永存，做一个有思想、有学识的科教工作者。

著　者

2024 年 12 月于吉林长春

图书在版编目（CIP）数据

中国玉米收购价格政策改革研究 / 宫斌斌著.
北京：中国农业出版社，2025. 1. -- ISBN 978-7-109
-33061-0

Ⅰ. F323.7

中国国家版本馆 CIP 数据核字第 202573NM65 号

中国农业出版社出版

地址：北京市朝阳区麦子店街 18 号楼
邮编：100125
责任编辑：边　疆
版式设计：小荷博睿　　责任校对：吴丽婷
印刷：中农印务有限公司
版次：2025 年 1 月第 1 版
印次：2025 年 1 月北京第 1 次印刷
发行：新华书店北京发行所
开本：700mm×1000mm　1/16
印张：11.5
字数：176 千字
定价：98.00 元
